成田屋のおくりもの

Kimiko Horikoshi

堀越希実子

マガジンハウス

はじめに

私が嫁いだ堀越家は、江戸時代からおよそ三五〇年続く歌舞伎役者の家。屋号は成田屋です。主人は十二代目市川團十郎。歌舞伎は代々「口伝《くでん》」で芸を受け継いできたと言われています。主人はおおまかな筋立てや場面設定、台詞が書かれた台本を持ち、諸先輩方のもとで見て、聞いて、教えていただきながら、学んだことを、自分で書き込み、芸として身につけました。主人がやってきたことは、日本の伝統である芸を大切に受け継ぎながら、自分なりの工夫をして、次の世代へと伝えていくという仕事でした。今は、息子の海老蔵が受け継ぎ、孫の勸玄《かんげん》が、その先の未来へつないでゆくでしょう。

私の仕事は、主人や子どもたちを支えることであり、成田屋の家を守り、多くのお客さまに芝居を観ていただくことなのだと思います。

私が成田屋に嫁いでから四十年以上が経ちました。

若くして両親を亡くし苦労した主人と、梨園のしきたりもなにもわからず嫁いだ私が、多くの方々に教えていただきながらふたりで築き上げた成田屋らしさ。そして歌舞伎の世界に身を置くなかで学んだ日本独自の風習やしきたりなどを、次の世代へと伝えることも、これからの私にとって、大切な仕事なのだと思うのです。

目次

第二章
成田屋のしきたり

成田屋のおくりもの

第一章

成田屋のおもてなし

祖父母、両親からもらった大切なもの

東京都杉並区生まれ、目白育ちのひとりっ子。小学校から大学まで学習院に通っていましたので、環境にも大きな変化はなく、のんびりと育ちました。

父は優しい人でしたが、専業主婦だった母はとても躾《しつけ》に厳しく、姿勢が悪い、お行儀が悪いとよく叱られました。一緒にお出かけした先でちょっともじもじしていると、「きちんとご挨拶しなさい」と注意されました。本当に怖かった。叱り方もピシッとしているから、反抗なんてとんでもないことです。

小学校低学年の頃は、週に四日は習い事に通っていました。バレエ、ピアノ、習字、英語、水彩画。そのなかでいちばん好きだったのは絵の教室です。絵と英語はもう少し一生懸命勉強しておくべきだったなと大人になって思います。

きっと、母は私にいろいろな分野に触れてほしいと願っていたのでしょう。

祖父母、両親と一緒に大人が集まる場所にもよく連れていってもらいました。新橋や向島、元旦には老舗料亭・金田中で艶やかな着物を着た芸妓さんたちに囲まれて、華やかな大人の世界を子ども心に「きれいだなぁ」と思って見ていた記

憶があります。芸妓さんの頭に飾られた稲穂のかんざしが、お正月だけに挿す特別な髪飾りで、「今年も一年、稲穂のように頭《こうべ》をたれて謙虚に生きます」という意味があることは大人になって知りました。子どもは私ひとりで、芸妓さんたちみんなからかわいがってもらって、楽しかった思い出です。

そう考えると、社交デビューは早かったのかもしれません。

祖父は花柳界が好きで歌舞伎にも連れていってくれましたし、祖母が銀座の呉服屋さんに着物をつくりに連れていってくれました。慣れない場でも気後れしないこと、着物へ親しむこと、挨拶などの礼儀作法についても、いま考えるとそれほど苦労することなく自然に身についていたように思えます。

祖父母と両親が私に見せてくれた世界には、堀越夏雄（主人の本名）と生きていくために必要なことが幸いにもちりばめられていたのだと、ようやく自分のことを振り返る余裕ができた今、気づくことができました。

すべては感謝の心で

歌舞伎役者の妻となり、なによりもうれしいのは、歌舞伎をご覧になったあとのお客さまの笑顔です。

堀越家に嫁ぎ、「劇場でお客さまをお迎えすること」、そして「多くの方々に歌舞伎を楽しんでいただくこと」は、私の大切な仕事になりました。挙式を終えて数日後、国立劇場の受付の横に立った私は、まだ右も左もわからないままでしたが、そのふたつを心に留めながら劇場に通いました。

十代目市川海老蔵（当時）の妻として、初めてお客さまを迎えた日から、もう四十年が過ぎたのですから、月日の経つのは本当に早いものです。今、振り返るとそう思います。

劇場へ行くときは、ご贔屓《ひいき》さまやおつき合いのある方など、席を手配させていただいたお客さまのお名前を前もって頭に入れておきます。開場前には受付の横に立ち、劇場に足を運んでくださる方々をお待ちします。

開場と同時に玄関からいっせいにお客さまが入っていらっしゃいます。お顔を拝見しながら、おひとり、おひとりにご挨拶をさせていただきます。ご贔屓さまのお名前とお顔を覚えるまでには時間がかかりました。若い頃は、つねに番頭さんが隣にいて、そっと教えてくれましたので、そのたびにお顔とお名前をしっかりと記憶する。毎日、毎日がその繰り返しでした。しょっちゅう失敗をしたものです。お名前を間違えてしまったり、忘れてしまったり。お話をしているうちに、だんだんと思い出して……ということもありました。

　たくさんのお客さまがいらっしゃいますが、私はおひとりずつ、お目にかかれてうれしいという気持ちと感謝を込めて「ありがとうございます」とお伝えしたいと思っています。遠方から時間をかけて舞台を観にいらしてくださる方、お忙しい合間をぬってお時間をつくってきてくださった方、ずっと楽しみにしていて駆けつけてくださった方、さまざまな状況のなか、今、この場でお目にかかれるご縁を大切に、お客さまには心から楽しんでいただけたらと願っています。

　ときには、役者へプレゼントをくださるお客さまもいらっしゃいます。そういうときはありがたくいただき、心からの感謝の気持ちをきちんとお伝えすることが大切だと思っています。

お客さまをお迎えして、みなさんがお席につくまでは受付でロビーの様子に気を配るようにしています。舞台が始まったら、客席で観ることもありますし、主人が舞台に立っていたときは、楽屋に行くこともありました。

楽屋は役者にとってとても大切な場所です。そして、建て替える前の歌舞伎座の楽屋は、主人にとっては歌舞伎役者としての人生そのものがつまった、思い入れのある場所だったと思います。役者として長く時間を過ごしたところですし、主人と私が最初に出会った場所でもあるのです。

結婚してまず教わったのは、楽屋で大きな声でおしゃべりをしたり、一緒に何かを食べたりしてはいけないということでした。ですから、楽屋で食事をすることなどありませんでしたが、晩年、主人から一度だけ「お鮨をいただいたから一緒に食べないか?」と声をかけられたことがありました。なんとなく落ち着かず、でも主人と一緒にいただいたお鮨の味は、忘れられない思い出です。

楽屋での思い出をもうひとつ。

婚約したばかりの頃だったと思います。まだ楽屋に気軽に訪ねていっても大丈夫な頃ですね。ある日、アイスクリームの差し入れが届いたことがありました。

開けてみると、アイスと一緒にドライアイスがはいっており、取り出して水の中に入れて煙が出るのを見ながら「うわー、すごいね」とふたりで喜んでいましたら、番頭さんがやってきて厳しく注意されました。そのあと、主人からは「前田のおばあちゃんにも怒られた」って。前田のおばあちゃまとは、前田するさん。若くして両親を亡くした主人の後ろ盾となり、親代わりとなってくださった画家の前田青邨《せいそん》先生の奥さまです。今、考えれば「なんということを」と思いますが、若さゆえのお恥ずかしい話ですね。でも、今はそうやって厳しく指導する人もいなくなりました。当時の番頭さんは四十年近く成田屋に勤めてくださった方で、私は二十年ほどお世話になりいろいろと助けていただいていました。

そのときは無我夢中でしたが、わからないことを教えてくださる方に恵まれたのは、今思うと幸せなことだったのだと思います。

舞台が終わって、お客さまをお見送りするのも役者の妻の務めです。幕が下りて、お客さまがお帰りになるときには、お迎えのときと同じように受付の横に立ち、できる限りおひとり、おひとりの目を見て「ありがとうございました」とお礼をお伝えし、ご挨拶をします。

よくいらしてくださるご贔屓さまからは、お芝居の感想やご意見をいただくこともあります。そういう場合は役者に代わってお話をうかがいます。私はあくまでも役者の妻ですから、歌舞伎の演目について具体的に語ったり、自分の意見を言うことはありません。「とてもよかったね」とおっしゃっていただくこともありますし、厳しいご意見をいただくこともあります。よくなかったときは、どんなところが悪かったのかをうかがい、「ありがとうございました」とお礼を申し上げます。主人が舞台に立っていたときは、家に帰ってから、頃合いをみて、よいこともよくないことも、こんな感想をいただきましたよ、と伝えていました。息子には楽屋に行くと「どうだった?」と聞かれますから、その都度、伝えるようにしています。

お客さまからの率直な感想は、役者にとってはとてもありがたいことです。ほぼ二十五日間休まずに毎日舞台に立たなければなりませんから、貴重なご意見は翌日の舞台に立つための力にもなっているのだと思います。

こうしてお客さまと会話をさせていただくと、さまざまなご意見を直接うかがえ、たくさんのことが学べます。最近では、私も励ましのお声をかけていただくことがあり、ありがたくうれしいことです。

およそ四〇〇年という歌舞伎の長い歴史のなかでも、役者の妻が表に出るようになったのは、比較的最近になってからのことだそうです。

私が嫁いだばかりの頃は、「嫁は舞台稽古にも顔を出してはいけない」と言われていました。それはよそのおうちも同じようでしたが、ちょうど子どもたちが舞台に立つようになってからは、母親として付き添うために舞台稽古にも行くようになったのです。息子と同じ年代の子どもたちが多かったからでしょう。歌舞伎の世界は横のつながりも大切ですから、よそのおうちの奥さま方と足並みを揃えて、出ていくようになりました。

舞台稽古を観ることは、よい勉強にもなりますし、役者の状態を知ることもできるのでありがたく思いました。若いときには観てはいけないと言われて守ってきましたが、時代を経て変わることがあるのなら、変化に応じる柔軟さが必要なのかもしれません。

着物選びは〝出ず入らず〟

祖母や曽祖母がいつも着物を着ていたので、子どもの頃から、着物には慣れ親しんでいました。祖母は特別な日や外出するときだけではなく、家でも半幅の帯[*1]を締めて着ていましたから、着物は日常のものだったのだと思います。嫁ぐまでの私の着物の知識は、すべて祖母の教えです。

役者の妻の仕事のひとつは、お客さまをお迎えすることですから、着物も立場をわきまえて選ばなくてはなりません。嫁いでからはいろいろな方のご指導を受け、先輩方の装いを見て学んできました。お客さまに失礼があってはいけませんから、もちろん守らなくてはならないことはあります。ただ、そのルールも時と場合によって変わります。どう選ぶかは感覚的なこともあるのだと思います。

二十五日間の公演中、毎日違う着物を着なくてはいけないと言われたこともありました。季節にも合わせなくてはいけないし、どうしたものかとその都度、悩み、ここまでやってきました。

歌舞伎役者の妻としての私の考え方は、お客さまよりも出すぎず、一歩控える

＊1 並幅の帯を、約半分の幅に仕立ててそのまま巻く帯のこと。

こと。そうかといって控えすぎず、あまり地味すぎない、〝出ず入《い》らず〟を心がけています。ちりめんなどの付け下げや小紋を選び、劇場では織物は着ません。二十五日間毎日着物を変えることは難しいので、帯を変えてコーディネートを工夫しています。着物と帯の組み合わせを変えるだけでも、印象はだいぶ変わりますから。

着こなしでこだわっているのは、「衿元の白、帯揚げの白、足袋の白」、この三つの白で全体の印象をすっきりと見えるようにすること。そして、全体に色数をおさえるようにしています。

初春歌舞伎の初日には、新春の祝い月にふさわしい松竹梅の吉祥《きっしょう》文様など、おめでたい柄の軽めの訪問着を選びます。ただし、派手でない色目のもので。華やかすぎない金地の袋帯をつけて、初春への喜びを表現します。

「新しい年の始まりには、新しいものをひとつ身につける」という言い伝えがありますから、長襦袢や足袋、小物など、なにかひとつ新しいものを加え、気持ちを正して舞台初日に臨みます。

特別なお祝いの舞台の場合には、訪問着できちんとした印象になるようにしています。

季節、会場の様子、どんなお客さまがいらっしゃるかを考えて、どんなものがよいかを考えるのも楽しいもの。あれこれ悩みながら、最終的に組み合わせが決まるのは結局前日になってしまいますが、お客さまに失礼のないよう、美しく装うためにひと工夫することは、自分のためにも必要な手順と心得ます。

今ではパッと決まることも多くなりました。これも積み重ねてきた経験があってこそでしょう。

わからないときは素直な気持ちで

私が嫁ぐ前に主人は両親を亡くしていましたので、嫁いでから親代わりとして目をかけてくださったのは、前田青邨先生の奥さまでした。

前田のおばあちゃまは荻江節[*2]の家元、五代目荻江露友《ろゆう》で、つねに着物で生活していらっしゃいました。毎年、お正月とお盆には必ず私も着物を着て北鎌倉のご自宅にご挨拶にうかがいました。おからだに柔らかくなじんだ着物姿で「よく来てくれたね」と出迎えてくださって。当時、八〇代でいらっしゃったと思いますが、お肉も召し上がるし、お酒もよくお飲みになりましたし、お元気で、その凛《りん》とした佇まいが記憶に残っています。厳しい方でしたが、今、思い返すとたくさんのことを学ばせていただきました。主人のことをとても大切にしてくださって、絵はもちろんのこと素晴らしいものにたくさん触れさせていただきました。

主人が絵に興味を持ち、自分でも描くようになったのは、前田先生のそばで絵の描き方を見ていたからかもしれません。そういう私も自然に日本画に興味を持つようになりましたし、着物のデザインまですることになったのは、おそらく前

＊2
三味線音楽の一種で、現在は河東節、一中節、宮薗節と並んで古曲と称される。

田のおばあちゃまとの出会いがあったからこそ。前田先生ご夫妻が、ひとつひとつのご縁を細やかにつないでくださったおかげで、今の成田屋は多くの方々に支えられているのだと思います。

そして前田のおばあちゃまも芸術家の女房です。

「芸術家には気分よくさせて、わずらわしいことはすべて私がやっているのよ。面倒なことは旦那さまの耳にいれないで、全部、自分の中に収めるようにしているの。だから、夏雄ちゃんにもそうしてあげてね。希実子ちゃん」

といつもおっしゃっていました。役者の女房の心得は、そんなふうに私の中に耳から入ってきました。

芝居以外のことはすべて女房がやるもの。お金のことを相談してはいけない。子どもの面倒を見させてはいけない。スーパーマーケットに一緒に買い物に行ってはいけない、などなど。嫁いだばかりの私は、自分が育ってきた環境との大きな違いに驚きつつも、歌舞伎役者の家はこういうしきたりなのかと素直に受け止めて、役者のよき女房になれるよう努めました。

時を経て、息子のところに麻央さんが来てくれたことはうれしいことでした。

とはいえ、私が教えられたことをすべてその通りに守ってほしいとは思いませんでしたから、姑の立場になっても麻央さんには、私が嫁入りした当時に言われたようなことは伝えませんでした。今は時代も違いますし、息子夫婦は自分たちの考え方でやっていけばいいことだと思っていましたから。

お相手のことを考えて

嫁いだばかりの頃は、お年始やご贔屓さまへのご挨拶回りで戸惑うこともありましたが、実際に何度も足を運んで、繰り返していくうちに、かわす言葉の数で、ご縁が深まっていくことを実感していきました。

ご挨拶は玄関先が基本です。お相手にご負担をかけないように時間をかけずに失礼しようと思うのですが、お話のお上手な方が多いので、ついつい長居してしまいます。限られた時間のなかで多くの方々にご挨拶にうかがいたいと思いながら、予定の半分であっという間に夕方になってしまった日もありました。

ご挨拶にうかがうときは、お相手の方がいらっしゃる頃を見計らって訪ねます。こちらの都合でうかがうのですから、アポイントを取ることはしません。事前にお約束をするということは、「この時間にいてください」とお相手の足を止めることになってしまいます。いらっしゃらなかったら、ご挨拶にうかがったことだけを留守の方にお伝えして帰ります。

お相手のご都合を見計らうためには、その方のことをよく知ることも大切ですね。若い頃の私は、あまり話をするのが得意なほうではなかったのですが、長くおつき合いさせていただくなかで、少しずつコミュニケーションがとれるようになったのではないかと思います。嫁いだばかりの頃は気持ちにも余裕がなく、ひと言ご挨拶させていただくのが精いっぱいでしたから。経験を重ねてゆくうちに、ご挨拶にうかがうときの季節やお相手のご様子を想像しながら、心の準備をすることも大切なことなのだと学びました。

今はメールという便利なものがありますが、私はご挨拶のときには使いません。今の時代、ビジネスには便利かもしれませんが、お目にかかるか、お電話のほうが、心からの気持ちをお伝えすることができるような気がするのです。

喜びを分け合うために

成田屋を応援してくださる方、歌舞伎を楽しみにしていらっしゃる方に喜んでいただきたくて、ちょっとしたお手土産やお配りするものはできるだけ成田屋らしいものを考えてご用意しています。どんなものがよいかを考え、手配してつくるのも私の仕事です。大変なときもありますが、ものをつくったり、デザインを考えたりすることは、子どもの頃から好きなので、楽しみながら取り組んでいます。

襲名披露や追善、記念公演、お祝い事などがあるときも、必ず記念の品やお菓子をつくってお配りします。

たとえば、二〇一七年の河東節《かとうぶし》*3開曲三百年記念演奏会では、成田屋と深いご縁のある河東節御連中様の会ということで、河東節の紋をアレンジした模様に成田屋の紋をあしらった切符ケースをつくってお配りしました。

成田屋のお祝い事があるときには、昔からおつき合いのある和菓子屋さんに相

*3 代表的な江戸浄瑠璃の一種で古曲のひとつ。市川團十郎家の役者が「助六由縁江戸桜」の助六を演じる際、幕開きと出端の音楽は河東節が演奏することになっている。

談することが多いです。孫の初お目見得[*4]のときは、とらやさんに相談いたしました。

とらやさんが考えてくださったお菓子は、赤い点がついた小さな紅白のかわいらしいお饅頭とお赤飯の二段重ね。金銀の箔がちりばめられた和紙で仕上げられた箱を紅白の紐で結んで、お祝い用に飾ってくださいました。お饅頭は「笑顔饅」という名前で、よろこびが込められたおめでたいお菓子。とらやさんの御用記録には天保十一（一八四〇）年に「薯蕷ゑかを《じょうよえがお》」として記され、代々受け継がれてきた歴史あるお菓子だそうです。

孫の初お目見得の公演中は楽屋で付き添っていたのですが、騒ぐこともなく、よく眠っていましたね。起きているときは舞台袖からじっと芝居を見ていたり。でも、本番でいざ舞台に立ったら泣いてしまうんじゃないかしらとハラハラしながら見ていました。息子のときとはまた違う感覚ですが、やはり心配になるものです。そんな私の気持ちをよそに、舞台が終わって戻ってきたときの第一声は「僕、感動しちゃった!」でした。ほっとしたと同時に、幼くとも歌舞伎の家の子なのだなと思いました。主人の面影を感じましたね。

*4
二〇一五年十一月「吉例顔見世大歌舞伎　十一世市川團十郎五十年祭」(歌舞伎座)で初お目見得。2歳8カ月で「江戸花成田面影」に出演した。

主人がいた頃は、配り物についてはどんなものにするか一緒に相談して決めていました。主人はダメなときはダメと言いますし、もっとこうしたらいいのでは、とアドバイスをくれましたので心強かったですね。お菓子ひとつにしても、これは違うとなれば、また変えていただく。そういう手間と時間をかけることは、差し上げる方のお顔を思い浮かべると、とても大切なことに思えます。

同時にこのような相談に対して、細やかに対応してくださるお店の方々にも感謝の念を抱かずにはいられません。長く大切にしていきたいご縁です。

お正月やお悔やみのときなどにも、ご相談させていただくお店があります。主人の古いお知り合いだったり、ご贔屓さまだったりと、さまざまなご縁をいただいていますから、成田屋として大切に次の世代に引き継いでいきたいと思っています。

美味しいものは人を笑顔に

歌舞伎の世界に限らず、礼儀とともに相手を慮《おもんばか》ることは大切です。十九歳で父を亡くした主人は、たびたび先輩のもとを訪ねてお稽古をつけていただきました。

主人には主人なりのやり方があって、まず、先輩のご自宅にお願いのご挨拶に。ご了承いただけたら日時を決め、お稽古をつけていただきます。そして、初日があけたら「おかげさまで初日が無事にあきました」と、その日のうちにご自宅にお礼にうかがいます。

そういうときに、お手土産やお礼を用意するのは私の大切な役目。どんなお稽古をつけていただくかによっても異なりますが、食べ物を選ぶことが多かったと思います。すき焼き用のお肉、ローストビーフ、お魚の干物など、いただいてうれしかったものや美味しかったもの、旬のものを、お相手のお好みに合わせて選んでいました。

私はふだんから美味しいものについてチェックするのが好きなので、これまでに蓄積した情報、美味しいもののお店リストが頭の中に入っています。

東京・銀座の吉澤では、すき焼きやしゃぶしゃぶ用のお肉を折詰にしてくれるので便利です。大阪・道頓堀 今井のうどん寄せ鍋やきつねうどんは、お店の味をそのまま家庭で簡単に味わうことができるようすべての具材が入っているので、お忙しい方にはぴったりです。東京・人形町の三原堂の塩せんべいは、一枚一枚包装されており、日持ちするので差し入れとしてお渡しすることもあります。銀座千疋屋のゼリーや代官山 小川軒のレイズンウイッチは、昔から私も大好きでご挨拶にうかがうときにお持ちすることが多いです。久原《くばら》本家の茅乃舎《かやのや》だし市川團十郎御縁箱は、パッケージに五代目團十郎の浮世絵が描かれているので、海外の方にもとても喜んでいただけます。

主人も食べることが大好きでしたから、私に負けないぐらい美味しいものに詳しかったですね。自分が美味しいと思ったら、調べて自分で買いに行ったり、取り寄せて、お世話になった方へのお手土産や贈り物にしていました。

京都のつゆしゃぶＣＨＩＲＩＲＩの豚しゃぶは、主人のお気に入りのひとつです。一〇年ほど前でしょうか。京都の版画家の木田安彦さんからお送りいただいたのがきっかけで、とっても美味しかったから贈り物にしようと、自ら電話をかけて注文していました。電話に出たご主人は「本物の團十郎さんですか？ 声も格好よろしいなぁ」と、大変驚かれていたようです。主人は大きな声で笑っていました。それ以来、注文させていただいて、ずっとおつき合いをさせていただいています。

芝居でも京都にいくことが多いのですが、南座の楽屋で必ず食べていたのが、いづうの鯖寿司でした。主人は〝マイ包丁〟を持ち、自分で鯖を買って〆鯖をつくるほど魚にはうるさい人でしたが、ここの鯖寿司には惚れ込んでいたようです。「昆布の旨みが効いた鯖とすし飯の配分がすばらしい！」と楽屋でいただきながらうなずいていました。味はもちろんですが、天明元（一七八一）年の創業から受け継がれてきたこだわりや誠実な製法を守り続けている姿勢にも共感するところがあったのかもしれません。

ちなみに主人がいちばん好きだった魚はマグロです。鮮魚店でマグロを塊で買ってきて刺身にしたり、にぎり寿司にしたり、鉄火丼をつくったり。公演でパリに行ったときにも、ホテルでマグロのお寿司を握ってくれて、みんなでいただきました。さすがにパリではマイ包丁じゃなかったですけれど。

主人はふだんは甘い物をあまり口にしなかったのですが、京都・紫野和久傳のれんこん菓子・西湖《せいこ》と出会ってからは甘いものも好きになったようでした。抗がん剤治療中の食事制限が解かれたときに、ちょうどお見舞いでいただいて初めて食べたのですが、その美味しさに感激していました。毎食、再加熱したパサパサの食事ばかりでしたから、つるっとした喉越しと食感、黒砂糖のやさしい甘さに「おいしいよ」と幸せそうな笑顔を見せてくれて。ずっとつらそうでしたから、その笑顔で私まで幸せな気分になりました。

お客さまには分け隔てなく

成田屋を支えてくださる後援会では、会員のみなさまにお目にかかる機会として、年に一度、パーティーを行います。お客さまをどのようにおもてなしするかを考えるのも今では私の仕事です。

娘や事務所のスタッフと相談しながら、数カ月前には会場とパーティーのスタイルを決めます。お料理は、シェフに相談して、みなさまに喜んでいただけそうなメニューを。

主人と息子のスタイリングは、そのときの状況によって変わりますが、基本はスーツか着物です。主人は洋服にはあまりこだわりはないほうでしたから、会場の雰囲気に合わせてコーディネートするのは私の役目でした。

主人はお客さまに分け隔てなく楽しんでいただくためにどうしたらよいか、限られた時間のなかでみなさまにご満足いただくにはどうしたらよいか、つねに考えている人でした。事前のミーティングを仕切るのは主人の役目。常に冷静で客観的にものごとをとらえる人でしたから、指示は的確だったと思います。私たちはその指示に従いながら、臨機応変に対応できるように心の準備をしていました。

少ない人数で大勢のお客さまをおもてなしするためには、しっかりとコミュニケーションをとりながら、みんなで情報を共有すること。そして、お客さまたちに楽しんでいただくためにはどうしたらよいか、つねに頭におきながらそれぞれが自分の役割を務めるようにしていました。阿吽《あうん》の呼吸で、とは言っても、そう簡単なことではありません。

舞台はもちろんですが、お客さまとご一緒させていただく貴重なお時間は、主人や息子だけでなく、私にとってもかけがえのないものです。お客さまの笑顔を間近で拝見したときの主人のうれしそうな表情が、今も思い出されます。

先方のご負担にならないように

京都には、長くおつき合いさせていただいているところもあり、古い伝統や京都らしい風習も学びました。

京都ではお祭りのときにお赤飯を持ってきてくださると、お重箱をさっと洗って、白半紙をたたんだ「おため」を入れて、風呂敷つつみにしてお返しするという風習があるそうです。おためは互いに負担にならない程度の気持ちを表すものなのだそう。風呂敷に包んでわざわざお届けくださった方への感謝の気持ち。親しい方とのおつき合いでも、このような気持ちを持っていたいなと思います。

息子の襲名披露パリ公演[*5]のときのことです。家族ぐるみのおつき合いをさせていただいているご夫妻が、私たちが滞在していたホテルの部屋に和食のお弁当を届けてくださいました。主人はちょうどその五カ月前に白血病で入院し、抗がん剤での治療を受けていました。本人の強い意志と努力もあって寛解し、主治医の先生に許可をいただいて舞台に立つことができましたが、パリに滞在中はずっと主人の体調が心配でした。毎晩、舞台が終わるのは二十三時頃。その後、ホテル

*5
二〇〇四年十月九日〜二十二日、国立シャイヨー宮劇場ジャン・ヴィラールホールにて。出演は市川團十郎、市川海老蔵、尾上菊之助、市川右之助、片岡市蔵。演目は「鳥辺山心中」「十一代目市川海老蔵襲名披露口上」新歌舞伎十八番の内「春興鏡獅子」。

に戻って食事に出かけるのも疲れますから、ルームサービスをとることが多くなってしまいます。食事をどうしようか頭を悩ませていましたので、和食のお弁当は本当にありがたく、ご夫妻のお気持ちがとてもうれしかったのです。感謝の気持ちでいっぱいでした。

そのご夫妻は、ふだんはイギリスで暮らしているのですが、年に何度かは日本に戻っていらっしゃいます。ご帰国された日の食事はお好きな時間に召し上がっていただけるように、お部屋に和食のお弁当をお届けしています。

はじめはお弁当がお口に合うか心配でしたが、「外に食べに行くのも億劫だからうれしい」と、とても喜んでくださいましたので、以来、ご帰国のたびにお届けしています。イギリスにお戻りになる前日にもご挨拶を。ご夫妻のお時間の邪魔をしすぎないよう、ご迷惑にならないように気をつけて、おうかがいするようにしています。

お弁当はお店も種類もたくさんありますが、東京・新橋の京味さんや東京・白金台のシェラトン都ホテルに入っている大和屋三玄さんによくお願いしています。旬の素材をつかったおかずが色とりどりたくさん入っていて、とても美味しいんです。

我が家でも人が集まるときにお届けしてもらうことがあります。本当はお好きな料理をつくって差し上げられたらよいのですが、プロにお任せするところはプロにお願いすることにしています。

ご夫妻とはもう二十年以上のおつき合いになりました。主人がいた頃と同じように、こうやって今もおつき合いさせていただけるのはとてもうれしいことです。

歌舞伎役者の家へ嫁ぐこと

息子と麻央さんの結婚が決まり、最初に私が麻央さんに伝えたことは、自分が成田屋の嫁として経験して、感じてきたことでした。

「役者の家は想像している以上に忙しい。役割は違うけれど、夫婦ふたりで協力しながら一緒に働かなくてはいけない。大変なこともたくさんある」

麻央さんは、私の言葉をしっかりと受けとめてくれました。

結婚式の準備では、私の経験を伝えることができればと思っていました。結納から結婚式当日まで、決めなくてはならないことや決まり事もたくさんあり、あちらへこちらへと忙しく走り回っている私の様子を見て、主人は「君が結婚するんじゃないから」と笑っていました。麻央さんも私と同じように環境の違うところから成田屋へ嫁いでくるわけですから、最初はとまどうことも多いでしょうけれど、少しずつでも理解していってくれればいいなと思っていたのです。

結婚したふたりについて、主人は「三年間はあまり細かく口出しせずに、見守っていこう」と言っていました。アドバイスするべきところはきちんと伝える。

けれども、まずは夫婦ふたりが仲よくやっていくことが大切なことだから、と。歌舞伎のことも家のことも、お正月から大晦日まで、三年間で三回繰り返せばだいたい身につく。基本がわかってきたところで、少しずつ役割を増やしていけばいいと主人は考えていたようです。

麻央さんは「お義母さま、これはどうしたらいいですか」と、自分から相談してくれましたので、私もその都度、アドバイスしていました。私はその場その場で細かく言わずに、何かのときにけじめとして、きちんと向かい合って話すようにしていました。一方的に伝えても、息子の考えもありますから板挟みになるとかわいそうですしね。

私が言うことについて、実際は意見が合わないこともあったかもしれません。でも、しっかりと息子を支え、孫たちを育ててくれました。どんなときでも家族のこと、周りの人たちのことを思いやり、気づかってくれていたんです。

病気になってからは、自分が思うようにできずに本当につらかったと思います。最後まで家族のこと、成田屋のことを心配していましたから。今は息子がその思いを引き受けて仕事と子育てに向きあっています。私も主人の思いを大切に伝えながら、成田屋を支えていかなければと自分を鼓舞しています。

おそろいの牡丹の帯

歌舞伎役者さんには絵心のある方が多く、味わい深い作品がたくさん残されています。

主人の父、十一代目市川團十郎も着物や帯をデザインしていたそうです。真っ白な生地に色とりどりの大きな蝶々が舞っている美しい帯は、主人の妹から娘が受け継ぎました。今ではあまり見ることができなくなった贅を尽くし、趣向を凝らしたデザインで、眺めているだけでもうっとりします。

主人も絵を描くのが大好きでした。家の屋上から眺める庭の木々、四季折々の花や景色などをスケッチブックに描いていました。色鉛筆を持ってスケッチブックに向き合うひとりの時間は、主人にとって必要なひとときだったのかもしれません。暮れが近づいてくると、翌年の干支を描くのですが、どうやって表現しようかと考えるのが恒例で、海老や漁火なども描いていました。主人の絵が、私は好きでした。

知人に頼まれて描くことも多かったので、あまり手元には残っていないのですが、家には稲穂を描いた絵が飾ってあります。主人としてはちょっと納得がいかないところがある作品だったようですが、私は気に入っていました。せっかく描いたのだから、額に入れましょうと主人に話して、どんな額にしようか、どこに飾ろうかと一緒に考えました。あれこれ悩んで、いちばんしっくりきた場所に決めました。慌ただしい毎日のなかでは、ふと目に入る主人の絵が私をおだやかな気持ちにしてくれています。

主人の一年祭の追善公演が決まったとき、私は主人が描いた牡丹の絵を思い出しました。牡丹は成田屋の花。追善に、主人が描いた牡丹をデザインして帯をあつらえようと思いました。そう考えたのは私が若いときに経験したことがずっと頭の片隅にあったからです。

高麗屋のおじさまの追善のとき、おばさまがおじさまの描いた絵をデザインした帯を締めていらっしゃいました。とても素敵で、おばさまの佇まいなどそのときのことがとても印象に残っていたのです。昔から追善などでは、役者が描いた絵をデザインしてあつらえたものを身につけたり、お配りすることがあったようです。

主人が描いた牡丹をデザインした帯は、主人の妹、娘、麻央さん、私、四人おそろいで締めたいと思いました。その提案にみんなも賛成してくれましたので、四色色違いであつらえました。きっと主人もよろこんでくれていたのではないでしょうか。ピンク、グレー、茶、黒、それぞれの地色に牡丹がきれいに映えました。やわらかな線と淡い色合いで表現された牡丹の絵には、控えめでありながら花言葉でもある風格が込められているように感じます。

追善公演の初日には、四人そろってお客さまをお迎えしました。たくさんの方に主人の牡丹を見ていただき、偲んでいただきました。

追善公演を終えた後、娘は帯をたたみながらこの牡丹の帯はずっと大切にしたいと言っていました。

感謝の気持ちを形にして

歌舞伎を世界に広めたいと精力的に活動していた主人は、海外公演にも挑戦しました。

一九八五年の十二代目市川團十郎襲名披露では、歌舞伎関係者はじめ多くの方々にご尽力いただいたおかげで、メトロポリタン歌劇場での公演が実現しました。海外で襲名披露口上を述べるのは、歌舞伎史上初めてのことでした。当時のニューヨークは治安が今ほどよくなく、街の様子などもほとんど記憶に残っていませんが、歌劇場の真紅のカーペットと豪華な空間に響くスタンディングオベーションは私にとっても初めての経験で、忘れることができない光景です。

その後はオーストラリア公演、ヨーロッパ公演、そして息子の襲名披露公演をパリの国立シャイヨー劇場で果たすことができ、二〇〇七年にはパリのオペラ座で初の歌舞伎公演がありました。

オペラ座が決まったのは、公演の三年前。シャイヨー劇場の公演をご覧になったオペラ座の芸術監督ブリジット・ルフェーブルさんが「團十郎と海老蔵にオペラ座にきてほしい。芸術性の高い、歴史ある市川家の歌舞伎をオペラ座で上演してほしい」と言ってくださったことがきっかけでした。最初は主人も悩んでいましたね。白血病は寛解し、安定はしていたものの身体の心配もありましたし、海外で歌舞伎の公演をすることはとても大変なことですから。

私は主人に「世界最高峰の劇場から招聘《しょうへい》していただいたのだから、オペラ座に行くべきじゃない？」と言いました。そのあと、どれほどの困難があるかは想像もできませんでしたが、私も覚悟を決めて背中を押しました。

多くの方からご支援を受け、念入りな準備を経ての公演でした。にらみを披露するフランス語での口上、歌舞伎十八番の「勧進帳」、そして新歌舞伎十八番の「紅葉狩」。無事に舞台を勤め、千穐楽《せんしゅうらく》を迎えた日は、主人、息子、娘と一緒に、その感動の余韻に浸りました。

今、振り返って思い出すのは華やかな劇場に響く熱のこもったお客さまたちからの喝采。そして、少しだけ自由になった時間に主人と散歩したパリの街並の景色です。主人が「大丈夫だ、俺に任せろ」と言って地図を持たずに気の向くままに歩いた道。三月のまだ寒い空の下で、迷いながら眺めた凱旋門。ほんのわずかでしたが、私のなかでは愛しい大切な時間でした。

オペラ座での公演は、その後のモナコ公国での歌舞伎公演につながりました。

モナコ公国はフランスに囲まれ、地中海に面した世界で二番目に小さな国です。地中海沿岸だからでしょうか、パリで公演したときとはまた異なる思い出があります。

日本にいるときには、たとえ地方公演でもふたりでゆっくりと街を歩くなどありませんでした。けれど、モナコに到着して劇場の確認をすると、少し空いた時間で街を歩いてみようと誘われたのです。主人は若いときからF1が大好き。本当はせっかくモナコまで来たのだから、自分でもドライブしたかったようです。それでも、舞台の前にほんの少しだけリラックスした時間を過ごすことができたのではないかなと思います。

モナコ公演のきっかけはモナコ公国のアルベール大公とのご縁でした。モナコで歌舞伎が披露されるのは初めてのことでしたから、多くの国民の方たちの注目を集めていました。

お招きいただいた感謝の気持ちをお伝えしたくて、大公にアクセサリーをおつくりすることになりました。宝飾品は私のほうが詳しいだろうからと主人からデザインを任されましたので、いろいろアイディアをめぐらせ、三升とダイヤモンドを組み合わせたピンブローチを完成させました。レセプションの席で大公に主人が直接お渡ししようとすると、大公から突然「僕の襟につけてください」と言われて、主人は手が震えてしまったそうです。

十九世紀のフランスを代表する建築家、シャルル・ガルニエが設計したモナコ・モンテカルロ歌劇場は、歌舞伎座と同様に多くの役者たちが舞台に立ってきた歴史を感じました。豪華な装飾が施されたバロック調の建物に、着物姿の役者が並ぶ光景は、なんとも不思議でした。

初日の開場と同時に、私はロビーでお客さまをお迎えしました。日本での公演のときとは雰囲気を変えて少し華やかな印象になるよう、着物は白と墨色の市松の唐織《からおり》のものを選びました。お客さまのなかにも美しい着物姿の方もお見かけしました。モナコのお客さまは着物を間近で見るのは初めてという方も多く、歌舞伎とともに着物という日本の文化に興味を持っていただけたことはうれしく思いました。

演目は主人が歌舞伎十八番の「鳴神」、息子は新歌舞伎十八番の「春興鏡獅子《しゅんきょうかがみじし》」。オペラ座と同様に市川家の芸を意識しての選択。主人が公演にかけた思いです。

舞台が終わると想像以上の歓声が劇場いっぱいに響き渡りました。客席で観ていた私は、周りのお客さまがみなさん総立ちで拍手をしてくださっていることに、感激という言葉では表現できないほどの思いがこみ上げてきて、しばらく夢の中にいるような気分でした。

初日の舞台が終わって劇場から出ると、外は雨。モナコは年間三〇〇日が晴天というほとんど雨が降らない国なのですが、公演中は何度も雨が降りました。「鳴神を演じたから、龍神が来てしまったね」とモナコの人たちからも言われたと、帰り道に主人が言っていました。

↓〇六五ページへ

photostory 1

劇場に足を運んでくださるおひとりおひとりに
歌舞伎を心から楽しんでいただきたい——。
お目にかかれるご縁を大切に、
感謝の気持ちを込めてお客さまをお迎えします。

2016年3月、ニューヨークのカーネギーホールで息子が歌舞伎舞踊を披露したときにあつらえた帯。黒地に金彩の牡丹唐草文様柄でシックな華やかさを。

主人が描いた牡丹をデザインした帯。追善公演のために色違いであつらえました。

節目の公演でお配りする記念品は、成田屋らしいものを。子どもと孫たちが河東節開曲三百年記念演奏会に出演させていただいた際には、河東節の紋をアレンジした模様と成田屋の紋を取り入れた切符ケースをつくりました。

三升とダイヤを組み合わせてデザインした帯留とピンブローチです。ピンブローチは、2009年9月「松竹大歌舞伎 モナコ公演」の際にアルベール大公へプレゼントした思い出の品です。

手みやげなどは家紋入りの風呂敷に包んでお持ちします。「三升」の紋には「市川」、「杏葉牡丹」の紋には「堀越」の名入れを。

孫娘・麗禾の内祝いでお配りした牡丹や小槌などをデザインした小さな風呂敷。懐紙にも牡丹の柄を入れて。

成田屋の祝儀袋は、昔から日本橋の榛原にお願いしてつくっていただいています。三升をデザインしたものには、市川團十郎と市川海老蔵の名を。牡丹をあしらったものには、市川ぼたんの名を。

感謝の気持ちを添えて——。

2015年11月、孫の初お目見得の際に関係者にお配りました。かわいらしい小ぶりの紅白のお饅頭とお赤飯は、とらやさんによるもの。

美味しいものは人を笑顔に。

代官山 小川軒のレイズンウイッチが手みやげの定番です。レーズンと特製クリームをサクッとした歯触りのクッキーでサンドした洋菓子。クリームのないプレーンウイッチのチョコ味もおすすめです。

三原堂本店の塩せんべいもよく使わせていただきます。つぶつぶ感を残して薄く焼き上げたせんべいは、伯方の塩とドイツ産の岩塩の風味豊かな味。長く愛されてきた老舗の味です。

ご縁を大切に。

対談がきっかけで久原本家当代ご当主・河邉哲司さんと主人の親交が深まり、茅乃舎だし（だしパック）が入った「市川團十郎御縁箱」をつくっていただきました。パッケージは、江戸の浮世絵師・歌川国政が描いた5代目團十郎の「暫（しばらく）」を復刻したもの。

京都の料亭・和久傳のれんこん菓子・西湖《せいこ》。あっさりとした甘みとつるりとした食感が主人のお気に入りでした。蓮根から精製した粉に和三盆と和三盆蜜を加えて蒸しあげた生菓子。竹籠のほか、陶箱、紙箱の包みがあります。

銀座千疋屋の果物やフルーツゼリーは贈り物の定番です。グレープフルーツやオレンジなど、果物をまるごとくり抜き、果汁をぜいたくに注いでつくるゼリーは、さっぱりとして年代を問わず喜ばれます。

銀座 吉澤は歌舞伎座公演のときに時々立ち寄ります。贈り物にするときには、すき焼き用やしゃぶしゃぶ用、ステーキ用を牛肉折詰に。自宅用として切り落としやハンバーグを買うこともあります。

CHIRIRIのつゆしゃぶは、版画家・木田安彦さんからいただいたのがきっかけで、以来、主人が気に入って贈り物リストに。薄切りの豚肉、和食5段仕込みのつゆに、自家製の柚子唐辛子も一緒にお願いします。

夏には道頓堀 今井の鱧すきうどんを贈り物に。新鮮な活鱧を70年間受け継がれてきた特製おだしと一緒に。シーズンオフには、きつねうどんのセットを。きつね揚げと刻みネギが入っているので、忙しい奥様方には喜ばれます。

歌舞伎へようこそ

堀越家に嫁ぎ、歌舞伎役者の妻になった私ですが、嫁ぐ前は歌舞伎についての知識はほとんどありませんでした。もちろん歌舞伎を観ることはありましたが、熱心に勉強していたというわけではありません。主人が立つ舞台を、何度も繰り返し観ているうちに物語やその背景などがわかるようになりました。

歌舞伎の台詞は江戸時代の言葉が基本ですから、今は使わないような言葉が続いてゆくと、理解できずに途中で挫折してしまうという方もいらっしゃいます。そんな声を聞いたときには、「最初はまず物語がわかるものからご覧になってはいかがでしょうか」とお勧めしています。

成田屋には「歌舞伎十八番」[*6]というものがあります。七代目市川團十郎（一七九一〜一八五九年）が、代々の團十郎にゆかりのある十八の演目を選んで成田屋の芝居として「歌舞妓狂言組十八番（略して歌舞伎十八番）」として制定したものです。そのなかでも「勧進帳」「鳴神」「助六」などは、比較的わかりやすいストーリー

＊6
「暫（しばらく）」「七つ面（ななつめん）」「象引（ぞうひき）」「蛇柳（じゃやなぎ）」「鳴神（なるかみ）」「矢の根（やのね）」「助六（すけろく）」「関羽（かんう）」「押戻（おしもどし）」「嫐（うわなり）」「鎌髭（かまひげ）」「外郎売（ういろうり）」「不動（ふどう）」「毛抜（けぬき）」「不破（ふわ）」「解脱（げだつ）」「勧進帳（かんじんちょう）」「景清（かげきよ）」の十八演目をさす。初代、二代目、四代目の團十郎が得意とした演目から選ばれたと言われている。

なので、すっとお芝居の世界に入っていけるのではないかなと思います。「勧進帳」は、能の「安宅」をもとに書かれた物語で、人気の高い演目です。市川家にとっても代々受け継がれてきた大切な家の芸で、十二代目市川團十郎、十一代目市川海老蔵の襲名披露公演でも演じられました。

「勧進帳」の見どころでもある関所での弁慶と富樫のやりとりの場面では、それぞれの立場に心を寄せて芝居の世界に引き込まれてしまいます。観る人のなかで、それぞれの物語が成り立つのも芝居のおもしろさかもしれません。

劇場には便利なイヤホンガイドというものがあり、あらすじや見どころ、登場人物や衣裳などについても解説を聞くことができます。舞台に合わせて進行してくれますから、難しいセリフが続いても物語に遅れずについていくことができます。劇場で販売している「筋書（番付・プログラム）」には、演目についてさらに詳しい説明が書いてあります。より深く楽しみたいという方には便利なものです。

まるで絵巻のような舞台の細部に込められた創意工夫や舞台上にちりばめられた美しい装飾に触れることも、歌舞伎の楽しみのひとつです。衣裳や小道具など、受け継がれているものが数多くあり、その時代時代の技術と情熱が感じられます。

たとえば、舞台で役者が身につけている衣裳。それぞれの役柄に合わせて考えられた、代々の役者の美意識と強い思いが込められています。主人も自分が身につける衣裳について、どうやったら役にふさわしいものになるかをつねに考えていました。一方で歌舞伎衣裳の着物の織りや刺繍などの技術はとても素晴らしいものだとよく言っていました。

私も着物のデザインを始めて二十年以上になりましたが、その技術を継承する職人さんがだんだん少なくなっていることを実感し、寂しく思うことがあります。着物は日本独特の大切な文化ですから、着物のデザインに携わりながら、なんとかその文化を未来につなぐための一助になれたらと考えています。

第二章

成田屋のしきたり

成田屋に嫁いだ日から

主人と初めて会ったのは歌舞伎座の楽屋でした。まだ十代目市川海老蔵を名乗っていた頃。主人の親代わりだった前田青邨先生のお孫さんが私の大学時代の友人で、「楽屋に遊びに行きましょう」と誘われたのがきっかけでした。思えば、それがお見合いのようなものに。それまでにも、母の勧めで何度かお見合いをしていましたが、なかなかよいご縁がありませんでした。

自然な流れで出会い、心の中で「この人なら大丈夫」と思ったことを覚えています。

それから正式におつき合いすることになって、一カ月後にプロポーズを受け、結納をした約七カ月後の一九七六年十一月二十七日、東京のホテルオークラで挙式を執り行いました。

結婚までがあまりにもあっという間でしたから、最初は役者の妻になる、成田屋に嫁ぐという意識はありませんでした。結婚式の準備が始まってから、だんだんとその現実が見えはじめたような気がします。

歌舞伎役者は、ほぼ毎月のように二十五日間芝居がありますから、結婚式は月末に行われることが多いようです。私の両親は歌舞伎の家とのおつき合いはありませんでしたから、挙式までの準備は本当に大変でした。母も苦労したと思います。

結婚が決まると、両親は嫁ぐ私のために、華やかな着物をたくさんそろえてくれました。ご贔屓さまが染色研究家・随筆家として活躍されていた木村孝《たか》先生をご紹介くださり、着物と帯の組み合わせ方などをいろいろと教えていただきました。

木村先生のことは存じあげていましたが、お会いしたのはこのときが初めて。着物姿の木村先生はとても優雅な佇まいで、自分も木村先生のように美しい立ち居振る舞いができるようになりたいと心から思いました。

それまでは着付けも自分ではできなかったのですが、着付けの先生に三日間特訓をしてもらい、ひとりで着られるようになり、ひと安心。嫁ぐまでになんとか間に合いました。

すべてにおいてまわりの方々のご意見をうかがわないといけませんでしたから、結婚式の衣装については、美容家として活躍されていた遠藤波津子《はつこ》先生に間に入っていただきました。打掛は金地に牡丹の花の刺繍が施されたもの、振袖は加山又造先生デザインの青海波に鶴。みなさんにアドバイスをいただきながら、全員に納得していただけるまで何度もやりとりをしました。

そうやって支度をしている間に見えてきた現実は、自分がイメージしていたのとは少し異なっていて、歌舞伎の家に嫁ぐことの大変さがわかりはじめました。式前日にはこれまでに溜まっていたストレスと不安感から、目が腫れるほど泣いてしまいました。そんな思いを抱えながらも当日式場へと向かったのは、やっぱり堀越夏雄（主人の本名）のことが好きで、彼と結婚したかったからなんだと思います。こんなこと、今だから言えることですけれど。

十二月は国立劇場での公演でしたから、結婚式が終わって三日後には市川海老蔵（当時）の妻として、劇場に行かなければなりませんでした。

主人は毎月舞台に立ち、私は歌舞伎役者の妻としてやるべきことを、ひとつひとつ勉強する日々。新婚旅行に出かけたのは、結婚式をあげてから四カ月後でした。楽しみにしていた新婚旅行でしたが、旅先で子どもがお腹にいることがわかりました。ハネムーンの思い出は、ちょっと寂しいですが、つわりがひどくてずっとベッドに横になっていたことです。

加山又造先生にデザインしていただいた振袖を着て。

家族と一門がつどう年始め

子どもの頃のお正月は楽しい思い出として記憶に残っています。ひとりっ子だった私はいつも両親と三人の静かな食卓でしたから、親戚やいとこや友だちが集まるお正月はとてもうれしい時間でした。

実家では年の暮れになると、祖母と母が錦卵や田作りなどのおせち料理をつくったり、門松を飾ったり、鏡餅をお供えするのを、後ろからついて回って見ていました。自宅で家族そろって元旦を迎えたあと、二日からは静岡の川奈ホテルでのんびりと過ごすのが毎年の恒例。そんな家で育ったものですから、おせち料理を自分でつくったこともなく、堀越家に嫁いで最初に迎えたお正月はとっても戸惑いましたし、大変でした。やるべきことがあるのに、気づいたら何もできずに終わってしまった怒濤の三が日。実は、最初のお正月のおせち料理は私の母が作って届けてくれました。私ができないことをわかっていて用意してくれていたのです。

主人がいた頃は、大晦日に家族で成田山新勝寺に行き、元朝大護摩供に参列するのが恒例でした。元旦の午前十時には、水引、飾り海老、ゆずり葉、ウラジロや橙で飾った鏡餅を置いた稽古場に、家族と成田屋一門が顔をそろえます。全員が集まったところで、主人から新年の挨拶があります。お屠蘇をひとりひとり順番にいただいて、その後、お年玉と成田山の肌守を渡します。それは私の役目でした。お年玉を入れる祝儀袋は三升をデザインしたもの。昔から東京・日本橋の榛原《はいばら》につくっていただいています。

新しい年をみんなで祝うために、心を込めてつくったお料理をテーブルいっぱいに並べます。お雑煮はだいたい五十人分。成田屋のお雑煮は、かしわに紅白の野菜と青菜、ゆずが入ります。おせち料理のほかには、ローストビーフや主人が大好きだったマグロの刺身など。お弟子さんたちには、ボリュームたっぷりのカレーやビーフシチューが人気です。

お料理の器は主人と私が選んで買い揃えてきたものですが、屠蘇器と三つ重の盃は、先代から受け継いだものです。

みんな笑顔でお正月を迎えることができるのは幸せなこと。嫁いですぐに迎えたお正月から、ずっとにぎやかなお正月を過ごしてきましたから、静かなお正月もいいなと思うこともありました。でも、今はやっぱりにぎやかなほうがいいなと思います。

　主人が亡くなってから迎えた元旦は、例年と同じように成田屋一門が集まり、これからみんなで気持ちをひとつにがんばろうと励まし合いました。主人が続けてきた成田屋のお正月の行事は、大切に守りながらこれから先も続けてゆきたいと思います。


　二〇一七年の大晦日は、息子が成田山新勝寺で年越しの「にらみ」を行いました。にらみは成田屋に受け継がれているもの、にらみを受けると無病息災に過ごせると江戸時代に評判になったと伝えられています。

　大晦日に成田山新勝寺でにらみを披露することは、成田屋にとっても初めてのこと。成田山新勝寺をはじめ、みなさまのご協力があってのことでした。息子の口上とにらみを多くの人に見てほしいというのが麻央さんの希望のひとつだったと聞いています。息子は主人が続けてきたことを守りながら、また新たな時代をつくっていくのだと思います。

成田屋と節分

四季折々の伝統行事は日本ならではのもの。大切にしたいと思いながらも、子育てと仕事の両立で忙しい毎日を過ごしていると、つい忘れて、気づいたら過ぎていたときもありました。

京都でお祭りなどの行事に町ぐるみで参加しているのを見ると懐かしいような、うらやましいような気持ちになりました。昔から続いてきた伝統行事を通して、みんなで同じ時間を共有する。そのような体験は、大人になってからも忘れないものです。

立春の前日を意味する「節分」。子どものころは毎年豆まきをしたあと、年の数だけ豆を食べ、祖母がお湯に豆まき用の大豆を入れてつくってくれた福茶を飲んで「悪いものを祓《はら》って無事に過ごせるように」と願いました。

成田山新勝寺の節分会は、よく知られている伝統行事です。節の変わり目の節分に、升を手に豆をまき、一年の無病息災を願うもの。息子も子どもたちを連れて参加しています。

成田山と堀越家のご縁のはじまりは、初代市川團十郎（一六六〇〜一七〇四年）まで遡ります。跡継ぎに恵まれなかった初代團十郎が、成田山に子宝を願い、そして、生まれた長男が二代目市川團十郎（一六八八〜一七五八年）。成田屋という屋号を名乗るようになったのは、初代がつくった「兵根元曽我《つわものこんげんそが》」が上演された頃からと伝わっています。

主人が十二代目市川團十郎を襲名した年には、「大本山　成田山新勝寺　節分会」と書かれた升を持って、大きな声で「福は内」と唱えながら豆をまきました。一般的には「鬼は外、福は内」ですが、成田山では「福は内」とだけ唱えます。これは、不動明王様を前にすると、鬼さえも改心してしまうからという言い伝えがあるからなのだそうです。

母親の思いと雛祭り

私が嫁ぐときに母が京都で買ってくれた一刀彫の男雛と女雛のお内裏《だいり》さまは、毎年二月半ばを過ぎる頃に取り出して、和室の床の間に飾っています。

娘のものは、五段飾りの立派なお雛さま。私の父が初めての女の子の孫だからといって、はりきって選んでくれました。当時は緋色の毛氈《もうせん》を敷いた豪華絢爛《けんらん》なお雛さまが流行していた時代。五人囃子《ばやし》や官女のほかにも、細かな道具など飾るものがとてもたくさんありましたので、最初の頃はお店の方にお願いして、お稽古場の上手に飾りつけしていただきました。

当時は、お稽古場にお雛さまが飾られると、まだまだ肌寒く感じる頃でも春の訪れを感じたものです。

時代は変わって、最近では立派な段飾りからシンプルなものへと流行が変わってきているようですね。娘も大人になり仕事で忙しくなってきた頃から、「今年はお内裏さまだけ出しましょうか」などと、できる範囲で飾るようになりました。

孫の麗禾《れいか》のお雛さまは、今の時代ですから豪華なものをというよりも、ちょうどよい大きさのもの。子どもの頃はいたずらして、お人形の手が壊れちゃった、なんてこともありますから。

もともと貴族の行事だったものが、江戸時代に女の子の健やかな成長を願う行事として庶民にも知られるようになった桃の節句。私、娘、孫とそれぞれちがったお雛さまですが、桃の節句を迎えるたびに、女の子の成長を願う母親の気持ちは、いつの時代も変わらないものだなと思います。

團菊祭と端午の節句

暦の上で立夏の五月。五月五日は五節句のひとつ、端午の節句です。男の子が生まれて初めて迎える端午の節句は初節句と呼び、江戸時代からお祝いする行事として続いてきたと言われています。息子の初節句のときには、兜《かぶと》を飾って鯉のぼりを立て、親戚や親しい方に粽《ちまき》をお配りして、みんなで集まってお祝いをしました。

端午の節句で鎧《よろい》兜を飾るのは、病気や厄災から守ってもらえるように、無事に成長しますようにとの願いを込めてのこと。息子の兜飾りは、実家の両親が買ってくれたものです。息子が小さかった頃は、黒漆塗りの唐櫃《からびつ》の上に杏葉牡丹の紋が入った紫色の袱紗《ふくさ》をかけ、兜と一緒に、前田のおばあちゃまからいただいた喉《のど》輪《わ》を飾っていました。ずっしりと重量感ある喉輪は、精巧な造りで昔使われていた本物だと聞いています。

諸説あるようですが、端午の節句の鎧兜はひとりひとりのお守りといわれていますので、息子の兜と喉輪は唐櫃のなかに納めて大切に保管していました。何十年かぶりに唐櫃から取り出して飾ってみたら、息子が小さかった頃のことを思い出しました。やんちゃでしたから子育ては本当に大変でした。二歳歳下の妹とよくケンカもしていましたね。あまりにも言うことをきかないときには、反省させようと稽古場の裏の蔵の中に閉じ込めるのですが、すぐに窓から抜け出す方法を見つけて、逃げ出すんです。追いかけて、注意しての繰り返し。子育ては体力勝負だと実感しながら、考える暇もなく過ぎた日々。苦労も多かったですが、こうして振り返ると懐かしさもこみ上げてくるものですね。

五月は成田屋にとって「團菊祭」という大切な公演月。團菊祭とは、幕末から明治にかけて近代歌舞伎の方向づけをした九代目市川團十郎（一八三八〜一九〇三年）と五代目尾上菊五郎（一八四四〜一九〇三年）の業績を称える公演なのですが、主人の代から毎年恒例となりました。端午の節句といえば、成田屋では團菊祭の季節でもあるのです。

次の世代を担う子どもたちのために

妊娠五カ月の最初の戌の日に安産を願う帯祝いは、日本独自の習わしです。帯祝いは、実家の母が日本橋の水天宮の御子守帯を用意してくれました。この帯を巻き終えると、不思議と母親になる自覚が芽生えたような気がしたのを思い出します。

歌舞伎役者の家に嫁いでから、男の子を産むことを期待されてはいたと思います。周りの方からも「男の子が生まれるといいですね」と言われましたから。ただ、私は男の子でも女の子でもいい、とにかく元気に生まれてほしいと思っていました。

初めての出産のとき、主人はちょうど京都南座での公演中でした。分娩室に入り、ようやく生まれて看護師さんから声をかけられると、思わず「ああ、よかった」と心から思いました。ほっとしたのでしょうね。自分でも知らずしらずにプレッシャーを感じていたのかもしれません。親にも主人にも話していませんでしたが、ある方から「アワビの肝を食べるときれいな目の赤ちゃんが生まれる」と聞いて、アワビの肝を探して必死に食べた記憶もありますから。

主人には、電話で報告したと思います。知らせを聞いた主人は、南座での出演が昼の部だけだったので、周りの方には内緒で病院に駆けつけてくれました。生まれたばかりの息子と対面し、とってもうれしそうでした。舞台はまだ続いていましたからとんぼ返りでしたが、主人の気持ちが伝わってきて私も感激しました。京都に戻った主人はみなさんとにぎやかにお祝いをしたようです。

内祝いはとらやさんにお赤飯をお願いしました。二年後に長女が生まれたときも、孫たちのときも、同じようにとらや製のお赤飯を持ってご挨拶に回りました。内祝いは、本来、喜び事を一緒に祝っていただきたいという気持ちを込めて、親戚や親しい方にお配りするものですが、最近では結婚や出産などのお祝い返しのことを「内祝い」と呼ぶことが一般的になっているかもしれませんね。

産土神《うぶすながみ》に赤ちゃんの誕生を報告し、健やかな成長を願うお宮参り。実家の両親がつくってくれた牡丹柄の産着を息子に着せて、私はおめでたい宝尽くしの柄の訪問着で、主人と一緒に赤坂の日枝神社にお宮参りにいきました。美しい刺繍がちりばめられた祝い着は、今でも大切に持っています。

生後百日目に行う「お食い初め」は、子どもが一生食べ物で苦労しないように願う儀式。孫のときは、東京のフランス料理店、オテル・ドゥ・ミクニでみんなで鯛をいただき、お祝いしました。祝膳の器は、色鍋島の今泉今右衛門先生の作品です。古くから親交のある方が先生に依頼して作ってくださった器で、今でも大切にしまってあります。孫が大人になったときに、みなさんからお祝いしていただいた日の思い出を話してあげたいなと思います。

日本には生まれた赤ちゃんの成長を願って、いくつもの儀式や風習が残っています。地方によって呼び方ややり方が違いますが、健やかな成長を願う気持ちは変わりません。

成田屋だけに伝わる儀式ではありませんが、主人と相談しながら節目ごとのお祝いをしてきました。息子、娘のときのことを、次は孫たちに。ひとつひとつの儀式が持つ意味とそのときの思い出を伝えるのは親の役目でもあると思います。次の世代を担う子ども、孫たちにしっかりと伝えていきたいと思っています。

着物で彩る節目の儀式

私の七五三の着物は、祖母があつらえてくれました。当時はまだ東京・銀座にも呉服屋さんがたくさん並んでいたのだと思います。

祖母が反物を選んでいる横で、私も一緒に見せてもらいながら、きれいな色だなあと思っていたのを覚えています。

着物はピンク色に菊が描かれた可愛らしいものでしたね。祖母は菊がとても好きだったので、私の着物にも菊のデザインを取り入れてくれたのでしょう。幼いながらにとても気に入って、うれしかった記憶があります。

娘の着物は私が選んであつらえました。ピンク色に折り鶴が描かれているものです。七五三のお参りは氷川神社に行きました。紋付羽織袴を着た兄と妹が仲良く一緒に並んで撮影した記念写真を見ると思わず微笑んでしまいます。ふだんは兄妹ゲンカもするふたりですが、よそゆきの顔で少し緊張していたのかもしれませんね。

孫娘の七五三の着物は、娘のときの着物のイメージを取り入れてデザインしました。孫の好きなピンク色に鶴をモチーフにして、牡丹をつけました。やっぱり女の子の着物は華やかで、選ぶのもデザインするのも楽しいものです。

子どもから大人への通過儀礼、幸福な人生を歩むことができるよう願い、知恵を授かる儀式が十三詣りです。旧暦の三月十三日（新暦の四月十三日）前後、数え年の十三歳で神社へお参りしてお祝いします。

先日、知人からのご依頼で十三詣りの着物をデザインしました。七五三までは子どもの着物ですが、十三詣りは大人の寸法でつくります。大人用の着物でお祝いするものですから、おばあさまやお母さまの振袖を肩あげしてもよいのです。今は着物に親しむ機会が少なくなっていますので、これからの子どもたちには少しでも着物に触れる機会を与えてあげたいものですね。

私が成人式を迎えたときには、両親が梅の蕾《つぼみ》がデザインされた振袖をあつらえてくれました。四十年以上前のものですが、古くならないモダンな柄で、今ではなかなか見ることのできない柄だと思います。

結婚前には実家の母が、総絞りの振袖をつくってくれました。大胆な色使いや細やかな絞りは職人の技を感じます。

日本には、生まれてから大人になるまで節目節目の大切な儀式が今も受け継がれています。大切な人生の節目には、日本の心を感じる美しい着物で彩りたいものです。

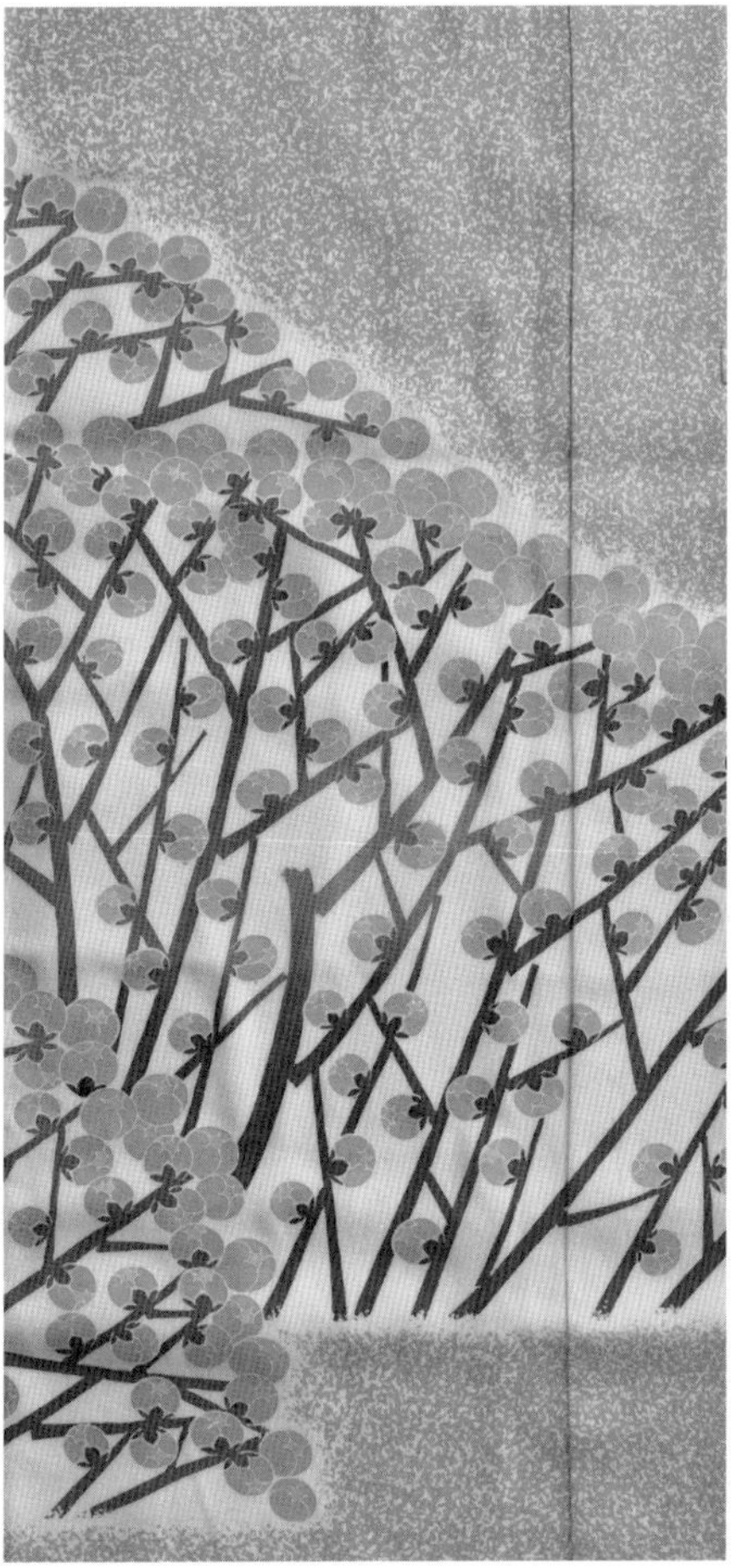

淡いピンク地に梅の蕾のデザインは今、見ても新鮮です。
森口華弘先生の作品です。

人として歌舞伎役者として

「いい役者になる」とは、主人が常に心においていた言葉です。いつも「舞台の上でその輝きを見せられるように、日々精進することが大切だ」とも言っていました。

「ご挨拶をすること」と「礼儀正しくすること」。このふたつは、人としても歌舞伎役者にとっても大切なことです。私も実家の母から教えてもらったように、子どもたちにも伝えてきました。息子の場合は、一緒に芝居に連れていきましたから、いつも私の横にいてお客さまにご挨拶することが自然と身についたと思います。

歌舞伎役者の家では、男の子と女の子ではやはり期待されることが違います。子どもの頃は娘も息子と一緒にお稽古に通っていました。歌舞伎座の舞台にも立ちました。もちろん家の中では、できるだけふたりとも平等に接していたつもりでしたが、実際には娘にはつらい思いをさせてしまいました。

あるとき、娘が大人になってからのことですが、「ママはお兄ちゃんのことばかりで、私はいつもお留守番だった」と言われたことがありました。息子の初舞台や地方公演についていかなければならないとき、娘はひとりでご飯を食べていた、と。考えてみると、娘の幼稚園と小学校には私はほとんど行ったことがなかったんです。ちょうど主人の團十郎襲名の時期と重なっていましたから。寂しい思いをさせてしまったなと思います。

まだ十代の頃は父親との関係も距離がありましたけど、主人が発病してからは、ずっと病院で付き添ってくれていました。今では私よりもしっかりした、大人の女性に成長し、私にとっても頼もしい存在です。

娘は日本舞踊市川流・三代目市川ぼたんを襲名しました。娘がその決心を主人に伝えると「そうですか。がんばりなさい」とそのひと言だけで、ほかには何も言わなかったようです。娘を信頼していたのだと思います。

市川流を継承し、日本舞踊家として活躍している姿を見て、主人はとてもうれしかったことと思います。私も同じ気持ちで見守っています。

息子が生まれたときには、主人ともどんなふうに育てていくかという相談をしていました。将来、市川宗家を継ぐ者として、歌舞伎役者として舞台に立たなければなりませんから。

世襲というものは生半可にできるものではありません。大事な責任を果たすための努力が求められますが、そのために必要な環境のなかで「型にはめずに、おおらかに育てたい」というのが主人の意志でした。

主人はあまり細かいことは言わず、めったに怒りませんでしたが、厳しい父親ではあったと思います。一度は注意するけれど、そのあとは自分次第だと。その代わり、どんな状況であっても最後まで黙って見守る。そういう父親の存在は息子と娘にとっては大きなものだったと思います。

お稽古事は六歳の六月六日から

子育ての格言に「三つ心・六つ躾《しつけ》・九つ言葉・十二文《ふみ》・十五理《ことわり》」という言葉があります。三つ心とは、三歳までに心の大切さを理解させること。六つ躾は六歳までに日常生活のしぐさを身につけさせること。九つ言葉は九歳までにどんな人にも失礼にならない挨拶や世辞を覚えさせること。十二文は十二歳までにきちんと中身が伝えられる文章を書けるようにすること。そして、十五理は十五歳までに、宇宙に存在する一切のものごとのしくみや意味などを理解させることなのだそうです。

歌舞伎役者の家では、お稽古事は六歳の六月六日から始めるというのが昔からの習わしです。世阿弥の『風姿花伝』の一節に、数え七歳（満六歳）からお稽古事を始めるとよい、というのがあるそうで、今でも歌舞伎役者の家では守られていると思います。息子も六歳の六月六日から踊りのお稽古をはじめました。

お稽古着は私が嫁ぐ前から堀越家とおつき合いのあった呉服屋さんにお願いしてつくってもらいました。

お稽古の始まりは「おはようございます。よろしくお願いいたします」。お稽古が終わったら「ありがとうございました」と大きな声でご挨拶をすることが基本です。

息子と娘のときは、私が稽古場までの送り迎えをしたり、着物を着せたりして、お稽古のための準備と付き添いをしました。小さい頃は、お稽古も楽しかったようですね。息子の周りには同じ年代の子どもたちもいましたから、仲よくやっていたようです。

主人と相談しながら、観せておいたほうがいい演目のときには、息子たちを劇場に連れていきました。まだ、お芝居を理解できない幼い頃でしたが、不思議なことにぐずることはありませんでしたね。じっとしてしっかりと舞台を観ていることもありましたし、寝てしまうこともありましたけれど、小さい頃から実際に舞台に触れることも大切だったのでしょう。

父と息子の約束

主人は息子に「歌舞伎役者になりなさい」と言ったことはありませんでした。息子が三歳になると、主人は「歌舞伎をやるか?」と尋ねました。すると、息子はまだ幼いながらも「うん」と答えました。

その後、幼稚園にあがった頃にも「役者をやるなら、やる。やらないならやらない、とはっきり決めなさい」と伝えていました。息子は七歳で市川新之助を襲名しましたが、十代になるとだんだんとほかにもやりたいことや興味も広がって、歌舞伎をやめたいと思った時期もあったようです。中学校後半から高校卒業までは、難しい年頃でもありました。学校からの呼び出しもありましたし、その頃は何を考えているのかもよくわからないし、会話もほとんどありませんでしたから。

今、思い返してみると、息子はこれから自分が市川家を継承してゆかなければならないという大きなプレッシャーを抱えながら、自分がどう進むべきか悩んでいたんだろうと思います。

もしかしたら息子はほかの道を選ぶことがあるかもしれない、と感じたこともありましたが、それを主人に相談したり、話し合ったりすることはありませんでした。主人もいろいろ思うことはあったと思いますが、あくまでも本人の考えに任せると言っていました。

実際、息子は主人に「歌舞伎をやめたい」と伝えたことがあったようです。「私はあのとき、男として、ひとりの人間として聞きました」と答えた主人に対し、息子は三歳のときに言われたことで自分は覚えていない、と。それでも、主人は決して息子に対して「続けなさい」と無理強いすることはなかったと思います。

歌舞伎役者の家に生まれるということは、歌舞伎に関してすべての環境が整っているなかで育つわけですから、自然と身につくこともあります。でも、それだけでは先代の芸を受け継ぐことはできませんから、本人の努力が必要になります。名前を受け継いでも発展がなければ、「名前を小さくする」といわれます。名前を大きくする、小さくするのはその人自身だと主人はよく言っていました。

ふだんは怒らない主人が、息子をとてもきつく叱ったことがありました。

私はいつものように舞台が終わる時間に息子を迎えに行きました。舞台を終えた息子はなんだかしょんぼりしているように見えましたが、車に乗せて家に向か

↓一一三ページへ

photostory 2

ふたりで築いてゆく人生を想像しながら、
ともに歩むことを誓った日。

1976年11月27日にホテルオークラで挙式。

先代から受け継いだ三つ重ねの盃と屠蘇器。
盃には三升の紋が刻まれています。

成田屋のお正月に欠かせない品々。黒漆塗りの重箱はお嫁入りのときに持参したもの。蓋には杏葉牡丹の紋が入っています。お椀は主人とふたりで考えて、三升をデザインに取り入れました。

毎年、主人が描いた干支の絵で扇子をつくり、お正月のご挨拶でお配りしていました。

成田山新勝寺で行われる節分会には主人も何度か参加させていただきました。昨年（2017年）は、息子と孫たちが升を持って一緒に豆をまきました。

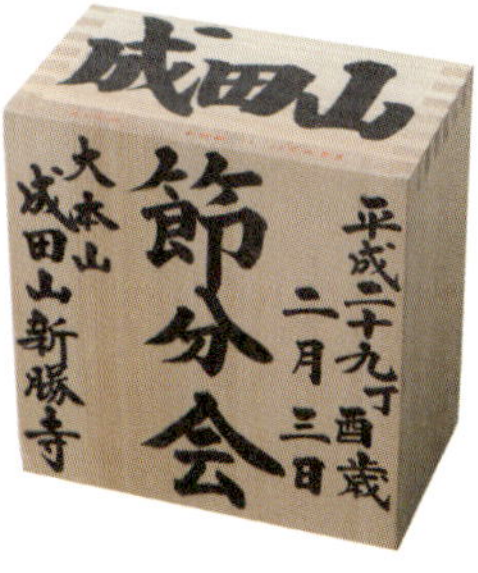

実家の母が京都で買ってくれた一刀彫の小さなお雛様。堀越家に一緒にお嫁入りしました。毎年、お雛祭りには床の間に飾っています。私の宝物です。

息子が生まれたときに母がつくってくれた宝づくしの訪問着です。大切にしまっていました。さまざまな宝物の文様が刺繡と友禅でちりばめられています。

(上)息子のために実家の両親が買ってくれた端午の節句の兜飾り。一緒に飾ってある喉輪は前田青邨先生ご夫妻からの贈り物です。(左)息子が5歳のとき、稽古場で撮影。

(上)私が七五三のときに着た着物です。菊の花が好きだった祖母があつらえてくれました。娘(右下)、孫娘(左下)の七五三のために用意した着物には、女の子らしくピンク地に鶴をあしらいました。

着物が人生を華やかに彩るとき――。

十三詣りの着物は初めて大人の寸法でつくるものです。可愛らしさを残しつつ、少し大人っぽさを感じさせるようなイメージでデザインさせていただきました。

結婚前に母がつくってくれた総絞りの振袖です。嫁いでからはなかなか着る機会がありませんでしたが、娘が成人式で着てくれました。娘に受け継いで着てもらえることは、私にとってもうれしいことです。

美しい
花嫁のために
心を込めて。

私が初めてデザインした花嫁衣装は、麻央さんの打掛でした。
水衣《みずごろも》という織物で、豪華な刺繡を施しています。この一枚がきっかけで、打掛のデザインもすることになりました。

十二代目市川團十郎襲名の際にお配りした対扇子。縁起のいい黒牡丹と白牡丹の絵を加山又造先生に描いていただき、男扇子と女扇子をつくりました。主人との思い出がつまった大切なものです。

代々、市川團十郎襲名には対扇子を――。

瓢箪は新之助の柄のひとつ。息子の七代目市川新之助襲名のときにお配りした扇子です。

十二代目市川團十郎襲名のお練りのときに娘が着た着物と帯。杏葉牡丹の紋の刺繍を入れたシックな着物に、華やかな帯を合わせました。

いました。静かにしているなと思いながら赤信号で止まった瞬間、ふと隣を見ると、息子が少しだけ開けた窓ガラスに顔をぴったりと寄せて、窓のふちに両手をかけて外を眺めながら、声を押し殺して泣いているではありませんか。ボロボロと大粒の涙をこぼしながら、小さな背中が震えていました。こんなことがあった、なんて言わない子でしたから、黙って一生懸命に堪えていたのでしょう。でも、大きな目からは涙があふれて出て。お稽古で叱られたのかしらと思いましたけど、声はかけずにそっとしておきました。

夜になって帰宅した主人から「孝俊（息子の本名）が大事な脇差を折った」と聞いて、そういうことだったのかと、ようやく涙のわけを知りました。その脇差とは、成田屋に代々伝わるもので、口上のときに持つとても大切なものでした。息子は大切な脇差を持ったままふざけて舞台裏を走り回り、転んだ拍子にポキッと折ってしまったようです。さすがに代々受け継がれてきた大切なものでしたから、それはそれは厳しく叱ったのだと思います。

主人が怒っているときに、私が一緒になって責めたり、怒ることはありませんでしたね。ふたりとも同じように叱ると、本人を追い詰めてしまうことになりますから、どちらかが叱っているときは、そっとしておいてあげたいものです。私が怒っているときは、主人は黙っていますから。ふたりでバランスをとることが大切だと考えていました。

初お目見得と初舞台

　息子の初舞台のことを思い出すと、今でも当時のどきどきした気持ちが蘇ってきます。初お目見得は一九八三年五月歌舞伎座「源氏物語」春宮で、一九八五年五月歌舞伎座「外郎売」貴甘坊で七代目市川新之助を名乗り、初舞台を踏みました。息子はまだ七歳。新之助としてきちんと舞台をお勤めできるようにと、セリフの言い回しからお芝居についてまで、主人は細やかに丁寧に指導していました。演目は歌舞伎十八番の「外郎売」で息子は貴甘坊の役。早口言葉が見せ場でした。息子にセリフを覚えてもらうために、私も一緒になって覚えて、学校の送り迎えをしながら「ぶぐばぐぶぐばぐみぶぐばぐ、あわせてぶぐばぐむぶぐばぐーー」とふたりで練習しました。

　本番の日に向けて、主人と息子の体調管理、毎日の食事に気をつけることは私の役目です。息子は身体が弱いわけではなかったので、それほど神経質にはなりませんでしたが、万が一、当日になって舞台に立てないなんてことになったら代役はおりませんし、なにより楽しみにしていたお客さまに申し訳がたちません。

毎日、舞台に立つまでは気が気ではありませんでした。

昨年（二〇一七年）は、孫たちが河東節開曲三百年記念演奏会に出演させていただきました。思いがけずふたり一緒に舞台に立つことになり、最初はとても心配でした。

本番の一カ月ほど前からお稽古の送り迎えと付き添い役をつとめましたが、いちばん苦労したのは、幼い子どもたちが気持ちよく、元気に舞台に立つために、うまく本人たちのやる気を保つことでした。

そんな周囲の心配を物ともせず、ふたりともがんばって舞台を勤めましたね。お客さまにも喜んでいただけたようでほっといたしました。むしろ、息子のほうが冷や汗をかいていたみたいですが、やはり子どもと孫では見守る緊張感が違うものですね。いずれ息子もその違いを味わう日がくると思います。

歌舞伎役者の母親として

私は芝居について何も手伝うことができません。ただ、主人と息子の間に立つことはありました。

主人から今度こういう役があると聞いて、私が息子に伝えるのです。そして、息子から「やらせてください」と主人にお願いをする。これは先代から主人が受け継いだやり方です。言葉上のことですが、自分の口から「やらせてください」と言うことで、自分の責任においてやるんだという気持ちが生まれる。それが大事なんだと主人は言っていました。舞台に立つのは本人ですから、歌舞伎役者の母親としては、ただ心を強く持ちながら見守るしかありません。とはいえ、ときどきは母親の気持ちのほうが強くなってしまうこともありました。

まだ子どもの頃に出た舞台で、セリフを忘れてしまったことがありました。終わってすぐに楽屋に駆けつけ、「どうしたの?」と話かけようとしましたが、主人から「向こうに行ってなさい」と言われ、ハッとしました。そこで母親が出ていってはダメなのです。

帰り道、泣いている息子に「失敗は繰り返さないようにして、お父さんに謝りなさいね」と言って聞かせました。その夜、息子は自分で父親のもとへ行き、正座をしてきちんと謝りました。

ふだんの生活のなかで注意されることと、役者として指導を受けることは違うのです。主人は指導するときは息子であっても、ひとりの役者として厳しく真剣に指導しますから。そういう環境で育つのが歌舞伎役者の家に生まれるということなのでしょう。

父親を亡くし、息子はそれまで以上に大きなプレッシャーを感じながら舞台を勤めていると思います。幼いころから、誰にも相談しない、弱音を吐かない子どもでしたから、ひとりで抱えていることも多いでしょう。理解者でもあったパートナーの麻央さんがいなくなった今の息子の悲しみを考えると心が痛みます。時間が経てば経つほど、いろいろなことを思い出しますから。口に出して息子に話をするようなことはありませんが、母親としては、舞台に打ち込む息子を見守りながら、自分ができる限り支えていけたらよいなと思っています。

ひと手間かける日本の美意識

大安、友引など、その日の吉凶を知るための六曜は、江戸時代には広く庶民の生活にも取り入れられていた風習ですが、今は気にする方も少なくなったのかもしれませんね。

歌舞伎の家では今でも襲名や節目のお祝いには、大安を選んで、ご挨拶にうかがいます。身内にお祝い事があるときには、自宅でも着物でお客さまをお迎えします。

息子の結婚にあたっては、色無地の着物にお祝いにふさわしい帯を締め、紅白のお菓子と桜湯を用意してお客さまをお待ちしました。多くの方がお祝いに掛袱《かけふく》紗《さ》をかけて、さらにお家の紋がはいった風呂敷に包んで、ご丁寧に届けてくださいました。本当にたくさんの方々にお祝いしていただいたので、床の間に赤い毛氈を引いて、いただいたお祝いを飾らせていただきました。

お祝いの贈り物の包みからも、贈り手の気持ちが伝わるものです。日本では昔からあらたまった贈り物にはかけ紙や水引が欠かせないものでした。水引には包みを結んで封をした印として、また、人と人とを結びつけるという意味もあるそうです。ひとつひとつの細やかな心遣いを大切にする日本人らしい繊細さを感じます。

ひと手間省くのではなく、ひと手間かける。相手を思う気持ちを形に表す。大切な品を運ぶときに塵《ちり》や埃《ほこり》がつかないようにと考えられた掛袱紗と包まれた物の形をつつしみ深く見せる風呂敷にも、日本人の美意識がこめられているような気がします。

長く受け継がれるものを

歌舞伎役者の家にとって、「襲名」はいちばんの大仕事です。

十二代目市川團十郎と七代目市川新之助の襲名披露は私にとっては初めてのことでしたから、何もわからないまま、先輩方や周りの方々に教えていただいて、段取りをしていきました。

まず、私が取りかかったのが配り物をつくること。お世話になっている方々やご贔屓さまに配る大切な記念の品ですから、きちんとしたものをつくるという使命がありました。

ご贔屓さまのなかには、今でも父・十一代目市川團十郎のときの配り物を大事に持ってくださっている方もいらっしゃいます。そのように後々まで残るものを用意することは、心が引き締まる思いがしたものです。

團十郎家の場合、配り物は対扇子、袱紗、そして手ぬぐいです。主人のときには、加山又造先生が扇子に牡丹を描いてくださり、袱紗には平山郁夫先生が荒磯《あらいそ》の絵を描いてくださいました。いずれも成田屋にゆかりのある柄です。

襲名披露後は、主人が男扇子、私が女扇子と揃いで持って、一緒に出かけたこともありました。襲名のときの思い出がつまった、私にとっても大切なものです。

この先、息子、孫、そしてその次の世代にも、十二代目の襲名のときにはこういう配り物をつくったのよと伝え残していくことが私の責任でもあるのです。

第三章

成田屋の日々の暮らし

朝食は一日のリズムをつくるために

嫁いでから、ほとんど休みのない主人のために私ができることは、芝居に専念できるような環境を整えることと、そのエネルギーのもとになる食事のことでした。特に一日のリズムをつくる朝食はとても重要です。

主人も息子も朝食は必ず食べてから、劇場に向かっていました。ふたり一緒に同じ演目に出ることはあまりありませんでしたから、食べる時間もバラバラです。そして、メニューも主人と息子では違うものです。ただし、彼らにはルールがあって、舞台が始まると初日から千穐楽までは同じメニューを食べ続けていました。

息子は身体づくりのために食事にもとてもこだわりを持っていますから、食材や調理法にも気をつけなければいけないことがたくさんあって、朝から準備が大変でした。二十代の頃には七面鳥のお肉に凝った時期もありましたし、梅干し、黒豆、らっきょう、海苔、納豆など、いろいろな種類のおかずを少しずつと、赤身の牛肉と野菜のしゃぶしゃぶを大根おろしと一緒に用意していた時期もありました。体力的にもハードな舞台が続くときには、鰻《うなぎ》やすっぽんのスープを用意することもありました。
主人は基本的には洋食でしたから、目玉焼き、ベーコン、サラダ、トースト、トマトジュース、コーヒーというシンプルなメニューが多かったです。毎日、舞台に立つためには、同じリズムで朝食をとることも重要だったようです。主人は息子のように毎日の食事に強いこだわりはありませんでしたし、なんでもよく食べました。唯一、食べなかったのがマカダミアナッツ。香菜も苦手だったので、あまり我が家では登場しない食材でした。

家族の体調がよくないときに必ずつくる堀越家のレシピがあります。ちょっと風邪気味かなと思ったときには、すりおろした生姜と牛蒡《ごぼう》をお椀に入れて味噌を加え、お湯で溶いたスープ。生姜の効果で身体が温まるので、風邪のひき始めには必ず飲んでいます。胃腸の調子が悪いときには、ハチミツをお湯で溶いたハチミツ湯。胃がもたれているときなどはスッキリします。それから食欲がなくても栄養を摂れるように考えた、胃腸にも優しい栄養たっぷりの野菜スープ。野菜スープにもいろいろありますが、我が家のオリジナルは、リーキ（西洋ネギ）、ズッキーニ、ジャガイモ、トマトなどの野菜を具材にします。作り方はとってもシンプルです。材料の分量は作りたい量に合わせて適宜に。野菜は好みの大きさに切っておきます。大きめの鍋にオリーブオイルを入れて火にかけ、鍋が温まってきたら野菜を入れてしんなりするまで炒めます。炒めた野菜に水を加えて中火で煮込み、だしを加えて、最後に塩胡椒で味を調えます。仕上げは特製オリジナルソースをたらして出来上がりです。卵黄にすりおろしたニンニク、バジルのみじん切りと塩を入れて、オリーブオイルを加えてつくります。スープに少しソースをかけるだけで、栄養とコクがアップします。

スープをつくるときには鍋いっぱいに多めにつくっておき、ふたり分程度の量に小分けして冷凍しておきます。ちょっと野菜が足りないなと思ったときの栄養補給にも重宝するんです。

忙しい毎日のなかでのひと工夫

子どもが生まれてからは、子育てと歌舞伎役者の妻としての仕事で毎日が慌ただしく、まるでゴールのないマラソンをしているような生活でした。子どもたちの朝食とお弁当をつくり、学校へ送りだす。ひと息つく暇もなく主人の朝食を用意して、支度も手伝います。私も劇場へ行ってお客さまをお迎えして、お見送りをして。帰宅して、また食事の支度をして、子どもたちの世話をして、後片付け。夜、ベッドに横になるともうぐったりしていました。

限られた時間のなかで、やらなくてはいけないことを全部ひとりでやる。そうやって抱え込んでしまったら心が押しつぶされてしまいます。ひと手間を面倒とは思わないでやることも大切ですが、自分なりの工夫が必要だと思っていました。たとえば、家族の食事のためにする、食材の買い出し。劇場と家の往復でとにかく時間がありませんでしたから、毎週一週間分の献立を考えて、必要な食材をメモに書き出しておきます。お肉やお魚などの生鮮食品と野菜は、三日に一度買いに行きました。歌舞伎座のときは近くのデパートの地下に行くこともありましたし、近所のスーパーで買うことも。そうやって時間を効率よく使うようにしてなんとか乗り切っていました。

子育てをしていた頃は、座って食事をゆっくり食べる時間はほとんどありませんでした。十一時半ぐらいに、おにぎりをパクッといただくのが精いっぱい。そういうときはご飯にひじき煮を混ぜてつくる〝ひじきおにぎり〟を食べていました。ひじき煮はつくりおきをして、ご飯も多めに炊いて冷凍保存に。いざというときに、ご飯を解凍して、ひじき煮、寿司酢、ゴマ少々を混ぜてにぎるだけ。海苔を巻いていただきます。食欲があまりないときでも食べられるし、子育て時代はいつもひじきおにぎりに助けられていました。

自宅にお客さまをお招きしてのパーティーは、時間と気持ちにゆとりがないと難しいものです。家の中を片づけて、献立を……と考えたら、憂鬱になってしまいます。そんなときは発想を変えて、外へ出かけるようにしています。

お客さまの好みや気分に合わせたレストランで、美味しいお料理をいただきながら楽しい時間を過ごします。できないことを無理してやろうとしても、なかなかうまくいきません。それなら、その時間をどうやったら喜んでいただけるか、楽しんでもらえるかということを考えるようにしています。

子育て時代は、ひじきおにぎりで乗り切りました。思い出の味です。

器は人をもてなすもの

結婚して主人とふたりで新たな家庭を築いてきましたから、食卓で使う普段使いの器などは、先代から引き継いだものはあまりなく、自分たちでそろえていったものがほとんどです。

器が好きで、地方に行くと、その土地の焼き物を見たり、工房を訪ねて気に入った作品を集めたりしていました。主人も趣味で陶芸をやっていましたので、器には興味を持っていましたし、作家ものの作品を見るのも好きでした。

日本各地にその土地ならではの焼き物がありますから、主人と一緒に窯元を訪ねたいと思うのですが、自由に散策する時間などほとんどありませんでした。唯一、ふたりで一緒に見たのは、石川県の山代温泉に行ったときのことです。宿泊していた旅館の横にある須田菁華先生の工房を訪ねて、一目惚れした片口の器を買いました。

京都で時間ができたときには、骨董屋さんにもよく見に行きました。アンティークのグラスやお皿など、気に入って買ったものは今でもずっと大切に使っています。

　結婚してからしばらくは、お客さま用の器もたくさん集めていました。お正月やお祝い事も含めて、たくさんのお客さまを一度にお招きすることがありましたから、器にのせるお料理をイメージしながら、特別高価なものではないけれど、気に入って選んできたものです。

　主人が亡くなってからは、お客さまをお招きする機会が少なくなり、食器棚に大切にしまったままになっていましたが、最近、思いついて自分のために使うことにしました。ひとりだからといっていつも決まった器ばかりでなく、せっかくだから料理に合わせて器もコーディネートしています。

　自分が楽しく、気分よく、おいしくお食事をいただくために、器を変えてみるのも案外いいものですね。

ご先祖さまへ感謝を

子どもの頃、毎年お盆の入りには母と一緒に仏壇にお花やお菓子をお供えし、キュウリの馬やナスの牛をつくり、自宅の玄関前で火を焚《た》きました。「ご先祖さまが迷わないための目印だよ」と祖母に教えてもらった記憶があります。お盆の迎え火と送り火は、地域によって期間も作法も異なりますし、今では住宅事情もありますから、玄関先で火を焚くことは難しいことかもしれませんね。私のなかでは子どもの頃の夏の思い出のひとつ、懐かしい記憶です。

八月十六日に行われる京都の五山送り火も夏の風物詩です。日本各地、今では世界各国から多くの観光客が訪れて賑やかなお祭りのようですが、地元の方たちに話を聞くと、生活に根づくご先祖さまのための大切な行事のひとつだと気づかされます。

九代目團十郎が改宗して以来、堀越家は神道を信仰していますから、お盆の行事はありません。お嫁入りするまであまり意識したことはなかったのですが、日常の場面で宗教が違うということはこういうことかと実感することがありました。我が家の日本間には御霊舎と仏壇がならんでいます。

毎朝の決まり事は、御霊舎と仏壇のお水を替えることです。御霊舎に向かって二礼四拍手一礼し、お仏壇に手を合わせます。毎月、一日と十五日に榊《さかき》を新しいものに替えてお供えするのも私の役割です。主人は舞台に出かける前には必ず御霊舎と仏壇の前に座ってお参りをしてから出かけていました。息子と娘も幼い頃から、毎日欠かさずお参りしていました。私が教えたという記憶はないのですが、主人の姿を見て学んでいたのでしょう。

主人を亡くしてから、それまで以上に主人の大きさを実感しています。主人に頼りきっていたのだとあらためて思うことばかり。つねに家族の盾となってくれていたのです。私が役者である主人を支えてきたと思っていましたが、私自身も同じように主人に支えられていたのです。

これまで主人に任せっきりになっていた堀越家のお墓のことなどは、私が主人に代わって次の代へ伝えていかなければなりません。ご先祖様があって今があることを感謝し、これから先は、堀越家の歴史を私から息子たちに渡してゆく準備もしなければならないと思っています。

とことん追求するのが團十郎流

芝居に対してはもちろんですが、気になったことはなんでも納得ゆくまで調べるのが主人の性格。とことん追求しないと気がすまないのです。

ワイン好きが高じて、主人は日本ソムリエ協会認定の名誉ソムリエにもなりました。一時期はワインをコレクションしようと考えたようですが、大変な道楽だと気づいてあきらめていました。家には飲んだワインのラベルが保管されています。また、ある時期には「くずし字」に凝って、思いついた言葉を万年筆や筆を使って描いていました。子どもの頃から星や宇宙も大好きで、先代の團十郎に五十ミリの屈折式天体望遠鏡を買ってもらったと言っていました。それが唯一、父親にお願いして買ってもらったものなんだと……。

好きなことを始めたら、周りの音さえ聞こえなくなるほどの集中力。主人は何かに集中しはじめると、誰が何を言おうとまったく聞こえなかったようです。

たとえば、長いこと夢中だったのが将棋と碁。家に帰ってきて、夕食を終えてから夜中まで、ずっとパソコンの前に座って将棋か碁をやっていました。声をかけてもまったく気がつかない。ひとりでパソコンの画面に向かって、「アイタタタタ。これは参った！」なんて、独り言を言っていましたよ。

そんな性格は、孫の勸玄が受け継いでいるようです。息子が「親父とそっくりだ」とよく言っています。私から見ても、似ているなと思うことはありますね。たとえば、花に興味を持ったら花だけに夢中になる。昆虫に興味を持ったら昆虫ばかり。今、夢中になっているのは貝殻なんです。貝殻をたくさん集めて、ひとつひとつ耳に当てると海の音がするんだよって教えてくれました。研究熱心なところが主人と似ています。

主人は人に教えることもとても上手だったように思います。自分が持っている知識と技術を息子やお弟子さんたちに丁寧にひとつひとつ教えていました。何かを説明するときも、理論立ててわかりやすく伝える人だと、隣にいていつも感じていました。

あるご縁をいただいて、主人が青山学院大学で歌舞伎について講義をする機会がありました。ふだんあまり歌舞伎に親しみのない学生のみなさんにもとても好評で、その講義をもとにさらに勉強をして、考察を加えて『團十郎の歌舞伎案内』

（ＰＨＰ新書）という一冊にまとめたのも、主人らしい気がします。

病気をしてからの主人は、「市川團十郎」の名を背負い、日本の伝統文化である歌舞伎を未来へ伝えること、歌舞伎の魅力を多くの方に知ってもらうことも自分の役目だと、病気をする前以上に強く思っていたのでしょう。そばにいてさまざまな場面でそう思うことがありました。

いつも笑顔でいるために

忙しい毎日のなかでは、気分が沈みがちになることもあります。そういうときには、それ以上、深みにはまらないようにしています。どん底までいってしまうと、なかなか這《は》い上がるのは大変です。

嫁いですぐの頃は、歌舞伎役者の妻としての役割を求められても何もわからずに右往左往するばかりでしたから、気がついたらなんだか疎外されているように感じることもありました。失敗もしたし、嫌なことも、つらいこともたくさんありました。でも、誰かに相談するというのは、なにか違うような気がしていました。

母親に心配や迷惑をかけたくなかったから、息子が生まれてもすぐには里帰りをしませんでした。姉妹もいないし、友人に相談することもありませんでした。ずっと、自分のなかで解決しなければと思っていたんですね。子どもの頃から悩みごとがあっても、どちらかというと自分のなかでなんとかしてしまうことが多かったように思います。

生きていればいいことも嫌なこともあります。私は問題が起こったり、嫌なことがあったら、先延ばしせずに、できるだけ問題を早く解決して、頭の中を空っぽにすることにしています。ずっと考えていても、問題は目の前に横たわったままで変わりません。頭の中から問題を早く取り除くこと。とにかく持ちこさないようにすること。深みにはまらないように、早めに解決するための方法を考えるようにしています。

お客さまやたくさんの方とおつき合いさせていただくなかで、どうしても難しいことがある場合には、相手の方のお時間をとらないように、なるべくすぐにお返事をさせていただきます。ぐずぐずと問題を先送りしても、解決しない。そういう場合には先にお詫びすることも大切だと、これまでの経験から学びました。

忙しすぎて体力が落ちてくると、気分も落ち込んでしまいますから、そんなときは美味しいものを食べることにしています。私の場合、和食も好きですが、スタミナ不足を感じたらやっぱりお肉をいただきます。焼肉かステーキで。日々体力勝負ですから、ちょっと身体が疲れてきたかなと思ったらお肉です。すっぽんもスタミナ不足のときにはおすすめです。ひとりではちょっと寂しいので、お友だちを誘って、銀座の江ぐちや新富町の六寛、京都では大市に食べに行きます。

自分の心と身体のバランスを保つために、週に一、二回はヨガをやっています。主人が病気になってからふたりで始めたのですが、ひとりになった今も続けています。

そういえば、モナコでも、毎朝、主人とふたりでヨガをしました。公演の緊張が続いていた主人でしたが、美しい海が広がる開放的なビーチを目の前に、ヨガをしながら呼吸を整え、リフレッシュできたようでした。

ふだん、あまり使われていない筋肉を動かすので気持ちがすっきりします。ゆっくりと鼻から息を吸いながら自分の呼吸を意識すると、緊張感がほぐれてとてもリラックスできるのです。日々のあれこれに頭がいっぱいになってしまって、一度頭を空にしなきゃと思って始めたのですが、続けていくうちに、楽しみながらのいい気分転換になっています。激しい運動ではないので、無理せずに、自分のペースでできることが、長く続いている理由かもしれません。

着物がつくる家族の歴史

歌舞伎の家では着物にかかわる約束事を大切にしています。劇場でお客さまをお迎えするときはもちろん、冠婚葬祭も必ず着物でなければいけません。お葬式のときの喪服も季節によって使い分けが必要です。それから、黒無地か色無地、黒帯を締めるかなど、亡くなった方との関係や年齢なども考慮します。そのほかにも、結婚式やお祝い事、ご贔屓さまへのご挨拶のときにも、いろいろと約束事があります。

追善公演のときには、色無地を着ることが多いですね。柄があると失礼なときもあり、それを知らなかった若い頃、追善で付け下げを着てしまって、注意されたことがありました。そういうことはなかなか覚えるまで大変です。

娘には私が知っていることを伝えて、一緒に着物を選んだりしていますが、娘と私はずいぶんと好みが異なります。私から譲った着物もありますが、寸法がぜんぜん違うので仕立て直して着ています。

着物はそうやって親から子へ、子から孫へと受け継ぎ、着ることができるのが素晴らしいところだと思います。私も祖母や母から譲り受けた着物を大切にしまっていましたが、今は娘が着ているものもあります。娘は私とちがって華やかな着物を着る機会も多いですし、また似合うんです。孫も着物が大好きですから、これから先、麻央さんの着物、そして私や娘の着物を着てくれる日がくるでしょう。

私の場合、今は仕事として着る機会が多くなりましたが、着物とは受け継ぎ、伝えることができる家族の歴史でもあるのかなと思います。大切にしたい日本の文化のひとつです。

初めての着物には

着物のデザインをするようになり、最近では「自分のために着物をあつらえたいのだけど、どんな着物にしたらよいかわからない」というお話を聞くことが増えました。そんなときには、「付け下げの着物はどうでしょう」とアドバイスさせていただきます。小紋は街着にはよいのですが、結婚式やパーティーではラフな印象になることもあります。付け下げであれば、合わせる帯を変えればカジュアルにもフォーマルにも装うことができるので楽しみが広がります。

最近では歌舞伎を着物で観にきてくださる方が増えたように思います。特にお正月の劇場はとても華やかです。着物を着る機会がないという方や、着物で出かける勇気がないという方は、フォーマルな洋服を着てレストランに行くように、たとえば着物を着てお寿司屋さんに行くのもいいと思います。少し気分を変えてみたいときにお勧めです。

着物に親しんでみたいという方は、まずは、着物の約束事のなかでも基本的なことを知ることからはじめてみてはいかがでしょう。

着物の基本 着分けのルール

着物は季節によって着分けをするというルールがあります。基本は着物の素材や仕立ての違いです。十月から五月は裏地がついた「袷《あわせ》」、六月と九月は裏地のない「単衣《ひとえ》」、盛夏の七月と八月は透け感のある絽《ろ》、紗《しゃ》、上布など単衣仕立ての「薄物《うすもの》」というように分けられます。一年を通じて同じものではなく、季節に合わせた着物を着る。四季を感じながら暮らしてきた日本人らしい考え方ですね。

「染め」の着物と「織り」の着物の違い

着物の大きな分け方には「染め」と「織り」があります。白い糸で織った白布に色や柄をつけるのが「染め」、先に白糸を染めてから織ったものが「織り」です。一般的には「染め」の着物は、織った後から染めるので「後染め」、「織り」の着物は先に染めるので「先染め」といいます。「染め」の着物は、生地はさまざまでもしっとりとした手触りでやわらかな風合いなので「やわらかもの」と呼ばれ、フォーマルに着ることが多い訪問着や付け下げ、小紋などが含まれます。対して、「織り」の着物は「かたもの」と呼ばれ、街着として「染め」の着物よりもカジュアルに着ることができます。お召し、紬《つむぎ》やウールの着物は「織り」の着物に分けられます。

着物の種類と格

着物には「格」があります。着ていく「場」によって、ふさわしい着物の種類がありますから、それぞれの特徴を知ったうえで、着物を選ぶとよいと思います。「格」の高いほうから順に「黒留袖」「色留袖」「訪問着」「色無地」「付け下げ」「小紋」「紬」となります。既婚女性の第一礼装が「黒留袖」です。黒の地に裾模様が入り、実家または婚家の家紋を染め抜きで五カ所に入れます。冠婚葬祭や儀式などに出席するときの正式な装いとなります。「色留袖」は未婚・既婚を問わない礼装で、色地に裾模様が入ります。五つ紋の場合は、黒留袖と同じ格となりますが、三つ紋や一つ紋になると訪問着と同格とされます。

留袖の次に格があるのが「訪問着」です。広げると一枚の絵画になるような「絵羽《えば》模様」が特徴で、フォーマルな場面や結婚式やパーティーなど華やかなシーンで着ることができます。

「色無地」は、一色染めで柄がないのが特徴です。紋を入れて、帯を合わせれば訪問着より格の高い装いとなります。

「付け下げ」は訪問着を簡略化した着物として考案されたものです。着たときに柄がすべて上向きになるように染められているのが特徴で、合わせる帯によっては、訪問着のようにフォーマルな場面にも着ていくことができる幅広く使える着物です。

「小紋」は細かい模様が全体に繰り返し染められた略式の着物です。街着としてカジュアルでおしゃれに着ることができます。

さりげなく、美しい着物の着こなし

着物は着るのが大変と思われますが、慣れればそんなことはありません。私も嫁いだばかりの頃は、帯を締めるのに何度もやり直し一時間以上かかることもありました。今は支度をするのに三十分ほどあれば充分です。

毎日続けて着物を着るような時期がありましたから、自分がいかに楽に着られるかを考えました。着くずれしないように、着物の下には肌襦袢と裾よけをきちんと身につける。自分の体に合わせて、自分の好きなように、着心地のよいように丁寧に着る。慌てずに、ひとつひとつ丁寧に着付けてゆくことで心も整います。何度も袖を通し、自分で着ることで、着物に慣れる。そういうことを学びながら、自分の着こなしのスタイルをつくってきました。

着物を着ているときは身のこなしも変わります。歩くときには内股で歩幅を小さく。座っている状態から立ち上がるときには、体を右に引き、両ひざを揃え、かかとを立てて、上前を押さえる。椅子に座るときには、帯をつぶさないように椅子に浅めに座る。テーブルの上の物を取るために手を伸ばすときには、袂《たもと》を押さえる。このような所作は、着慣れることで自然と身についてくると思います。

着物で写真におさまる場合には、左右どちらかにやや体をひねり顔はカメラに向けることを意識してみる。正面を向いたまま立ってしまうと、横に広がった印象になってしまいます。それから、足元は片方を軽くうしろに引くと裾広がりになりません。

背筋を伸ばして、顎を引いて、姿勢を意識します。襟元は正しく整えて。誰にも見られていなくとも、襟を正す姿勢がさりげなく美しい着物姿をつくるのだと思います。

私の場合は劇場で長い時間立ち続けることが多いので、草履は健康を維持するためにも自分に合ったものを選ぶようにしています。祇園 ない藤さんのものが多いですね。かかとちょうどぐらいか、ほんの少しかかとが出るくらいが着物姿では美しく、楽に履ける寸法です。

浴衣を着る楽しみ

浴衣といえば、夏の風物詩。私も子どもの頃、母に浴衣を着せてもらったことを思い出します。花火大会や夏祭りに行くときに着る方も多いと思いますが、歌舞伎役者にとって浴衣は一年を通して欠かせないものです。稽古着や楽屋にいるときの部屋着として、それぞれのお家にゆかりのある柄が入った浴衣を着ています。

平安時代に入浴のときに着ていた和服の一種、湯帷子《ゆかたびら》がもとになったと言われている浴衣ですが、その文化が庶民の間に広まったのは、江戸時代になってからのことだそう。

成田屋には代々伝わる文様や柄がありますから、主人や息子、お弟子さんたちが着る浴衣のデザインにも取り入れてきました。一年おきくらいに、新しい柄を決めてつくっています。

成田屋の代表的な柄に「かまわぬ」という洒落柄があります。「鎌」「輪」「ぬ」

の三つを組み合わせた判じ絵で、「水火も辞せず、私の命はどうなってもかまわぬ」という心意気を表しています。手ぬぐいの模様としてもよく使われているのを見かけます。もともとは、町奴のような人たちが好んで着た模様を、のちに七代目市川團十郎が気に入って「累《かさね》」の与右衛門の衣裳に使ったことから流行しました。

荒事を家の芸とする成田屋に「かまわぬ」の表す心意気がぴったりと合ったようで、今では成田屋のものとして知られています。白地に紺色やえんじ色の文字色で型染めしたシンプルなデザインの浴衣は、息子と娘が稽古着としてよく着ています。二年前には孫たちのために、かまわぬの文字色を六色にしてカラフルな浴衣をつくりました。紺色のスッキリとしたかまわぬの柄は粋ですが、子どもには色があるほうが可愛らしくて似合うと思います。孫たちもとても気に入ってくれています。子どもは一年で身体が大きくなりますから、一年ごとに肩上げを直したり、新調しなければ着られませんが、そうやって成長を感じられるところもいいところです。

ほかにも成田屋の柄があります。三升を連ねて、格子風にした「六弥太格子《ろくやたごうし》」。八代目市川團十郎（一八二三〜一八五四年）が「一谷武者直土産《いちのたにむしゃえのいえづと》」の岡部六弥太役の衣裳に使ったことから、六弥太格子と呼ばれるようになったそうです。

男の子用に浅葱、藍、群青、納戸、鶸(ひわ)、萌黄の色を配し、女の子用には紅、牡丹、鴇(とき)、橙、洗朱、萌黄を配したものを作りました。

おめでたい柄には荒磯と呼ばれるものがあります。幾重にも重なる波の間を鯉が跳ね上がる様子が描かれたもの。「荒磯」という呼び方は日本名で魚、波、岩の文様をさします。中国式では「荒磯《ありそ》」と呼び、「龍門の鯉魚《りぎょ》」という吉祥文様のことをいいます。九代目市川團十郎が演じた「極付幡随長兵衛《きわめつけばんずいちょうべえ》」の衣裳が荒磯文様だったことから、成田屋にゆかりある柄となりました。

浴衣は気軽に着ることができる和装ですが、紹紬風の少し高級な生地の浴衣に足袋を履いて、合わせる帯を名古屋帯になどにすれば、よそゆきにもなります。

清潔感とシンプルなおしゃれ

女性は髪型によってもずいぶん印象が変わります。

私は忙しくて時間がないときでも、清潔感があるスタイルを心がけています。若いときは髪を長く伸ばしていたので、着物を着るときには美容院で結ってもらっていましたけれど、だんだんと時間の余裕もなくなってきたことと、地方公演に行くことも多く、出先で美容院を探すのは大変だったこともあり、自分でヘアピースをつけてネットをかけるようになりました。その後もいろいろ試行錯誤があったのですが、自分でまとめるには、ヘアピースとネットがいちばん手軽でよい方法でした。

子どもが生まれて、子育てが忙しくなってからは、ボブにもしました。それからどんどん短くなって、今のようなショートのヘアスタイルに落ち着いています。手早く整えることができて、すっきりと清潔感があることが私のヘアスタイルのポイントです。グレイヘアにしたのは、いつから、というわけではありません。四十代後半ぐらいから白髪が目立つようになりましたが、染めるのが嫌だったので、自然のままにすることにしました。年齢を重ねていくうちに、だんだんグレイヘアがなじんできたのだと思います。

着物のときには髪留めや髪飾りも合わせてつけることもあります。髪留めは若いときから素敵だなと思うものを見つけて、ひとつひとつ集めていました。今はおしゃれなものがたくさんあるから楽しいですね。でも、髪留めを選ぶのは意外と難しいんです。印象がちょっと重たくなってしまったり、色や形にもよりますが、飾りつけが多いとにぎやかになりすぎます。ふだんは真珠がひとつついているかんざしや櫛《くし》を一本だけ挿す、というシンプルなスタイルが私は好きですね。パーティーのときには、もう少し華やかにちょっと目を引くようなものも素敵です。

仕事でもプライベートでも、若いときから外出するときには、ほんの少しだけ香水をまとっています。強い香りは苦手ですが、香水をつけるとなんとなく元気になるような気がします。外出するときにだけつけているので、気持ちのオン・オフのスイッチにもなっているのかもしれません。今はイタリアのサンタ・マリア・ノヴェッラのものを使っています。

仕事で劇場に行くときには、アクセサリーはほとんど身につけないのですが、お呼ばれしたときやプライベートでは、洋装と和装それぞれのスタイルに合わせてアクセサリーをコーディネートしています。

洋服のときには、胸元にブローチをつけてワンポイントに。ブローチを集めるのが好きで、好みのものを見つけるとついつい手に取ってしまいます。また、ショートヘアなので、イヤリングは大きめのものを選ぶことが多いです。持っている洋服は無地でシンプルなものが多いので、華やかさを添えるならアクセサリーに頼るのが便利。トータルのバランスを考えながら、シチュエーションに合わせた装いを心がけています。

着物がつないでくれたご縁

主人に背中を押されて始めた着物のお仕事。もうすぐ二十三年になります。着物を着る機会が多かったこともあって、ある方から「デザインしてみませんか」とお声をかけていただいたのがきっかけでした。

子どもの頃から着物に親しんできたこともありますし、役者の妻となってからは着物を自分で呉服屋さんに注文していましたから、なんとなく自分の好みというのもできあがっていたのだと思います。三升や杏葉牡丹といった成田屋の紋、市川格子（團十郎格子ともいう）や六弥太格子など成田屋にゆかりある模様や、歌舞伎衣裳の柄を少しずつ活かしながら、着物のブランド「茶屋ごろも」をスタートさせました。名付け親は主人。ロゴも主人が書いてくれました。

成田屋のよく知られている模様としては、三升をアレンジした三升つなぎや、三本の筋が交差するパターンを基本とした三筋格子などがあり、着物や帯のデザインにもよく取り入れています。六弥太格子に「新」を配した「新之助格子」など、私が考えたものもあります。

そして、二年前にお披露目したのが打掛コレクションの「麗」です。孫の麗禾の名前の一文字でもありますし、嫁ぐ女性には麗しくあってほしいという願いもこめて名付けました。所作や佇まいというのは、内面から出てくるものですから、そういう女性らしさをこの名前に込めています。

打掛は普通の着物と違って、使う生地も扱い方も違います。ボリュームも、長さも違いますから、最初はわからないことだらけでした。それをひとつひとつ結婚式場の方からも教えていただきながら勉強してきました。コレクションの場合は、構想からできあがるまでにだいたい一年半ぐらいかかりますが、試行錯誤しながらひとつひとつ積み上げていくことは、楽しみでもありましたね。

最初にデザインした打掛は、麻央さんの花嫁衣装でした。麻央さんのイメージの淡いピンクに、成田屋には欠かせない牡丹をデザインに取り入れました。結婚式が夏でしたから、「水衣《みずころも》」という波のように透ける織物です。その上に一針一針刺繍を施しています。仮縫いを何度もしながらようやく完成すると、麻央さんは「とってもきれいですね」といって喜んでくれました。八年前のことです。

こうして今、着物のデザインをさせていただけるのも、いろいろな方からの教えがあったからだと感謝しています。祖母や母はもちろん、木村孝先生、前田のおばあちゃま、着物がつないでくれたご縁ですね。

デザインの参考になるので、写真集や画集を見たり、美術館にもよく行きます。日本画家の上村松園《うえむらしょうえん》さんの絵が好きで、先日も山種美術館に観にいきました。女性の凜とした姿と艶やかな着物がとても美しく、引き込まれるようでした。それから浮世絵などにも現代にはない色合わせがあって、ハッとさせられます。

言葉で伝えること

歌舞伎役者の家は、仕事と家庭が密接につながっていますので、家に帰ってから仕事の話をしなければならないことがよくありました。芝居の初日があくまで役者は大変です。なるべく相談事をしないように心がけてはいても、どうしても話しておかなくてはいけないことや、決めなくてはならないことが出てくることもありました。

主人は人に当たったりしない性格でしたが、意思疎通がうまくいかない日もあり、「あっ、今日はちょっとイライラしているかな」と思うことはありました。そういうときは、私は少し距離を置くようにしていました。忙しいとお互いにイライラして、「言った」「言わない」という話になってしまうものです。若い頃は仕事の話で喧嘩のようになってしまうこともありましたが、そういうときは、少し時間が経ってから、直接謝るようにしていました。

私はひとりっ子だったので、兄弟喧嘩の経験がなく、言われても言い返さずに黙ってしまいます。慣れていないのです。人を傷つける言葉は武器のようなものだと思うのです。売り言葉に買い言葉で言い合いをしても嫌な思いをするだけですから、負の感情にまかせて、不用意な言葉を口にしないように気をつけています。

「ごめんなさい」と同様に大切にしたいのは「ありがとう」という言葉です。

主人が病気をしてからは、とくに意識して「ありがとう」と言うようになりました。若い頃は感謝する気持ちはあってもお互いにわざわざ言わなくてもわかるだろうと思っていたように思います。長年一緒にいると、言葉に出して伝えることをつい忘れてしまうんです。思いやる気持ちはあっても、表現しなければ、お互い理解できないこともありますから、夫婦、親子、仕事仲間同士でも「ありがとう」と笑顔で伝えたいものです。

↓一七七ページへ

photostory 3

日本の伝統を日々の暮らしに取り入れて。
着るほどに馴染む結城紬《ゆうきつむぎ》は、帯合わせでお祝いの日にも。

特別なときだけに使う蝶々の柄の抹茶碗。美しい器は眺めているだけでも、豊かな気持ちにさせてくれるものです。十七代永樂善五郎先生の作品です。

慌ただしい日常だからこそ
一服のお茶を
ありがたくいただきたい。

三筋格子をデザインした古伊万里染付の湯飲みは、先代から受け継いだもの。大切に保管して、次の世代へ継承したいと思います。

（下）ひとつひとつ集めていったお気に入りの器。

（左）福岡・博多近くの工房で出会った黒い器には、鮮やかな色合いのお料理を盛り付けて食卓を演出します。主人が好んで食べたマグロの刺身にも。小皿は京都の骨董屋さんで見つけたもの。普段使いにちょうどいい大きさ。

器ひとつひとつに
暮らしの記憶が
宿っています。

(上)アンティーク屋さんでひと目見て気に入ったグラスとピッチャーはバカラのアンティーク。(左)ワイングラスはおみやげでいただいたもの。大きさもちょうどよく、赤ワインにも白ワインにも。牡丹の花は成田屋を象徴する花。4月には立派な花を咲かせ、桜が散った後の庭を彩ります。

ちょっとしたお食事会のときにも
着物で出かけると喜んでいただけ
ます。付け下げに古典柄の帯を合
わせてみたり、季節に合わせて全
体をコーディネートしてみたり、
悩ましいけれど楽しい時間です。

成田屋ゆかりの柄でつくった浴衣地。
(上)かまわぬ、(中)市川格子、(下)六
弥太格子。孫たちもお稽古のときは
成田屋の浴衣を身につけます。

（下）象牙の帯留めは奥田浩堂先生の作品。季節を選ばずに、フォーマルなシーンにも。

（左）劇場やレストランなど雰囲気のある灯りの元では欠かせないリーディンググラス。デザインが気に入っています。

和装に合わせる小物は気に入ったものを長く愛用しています。（右）刺繍がほどこされたクラッチバッグは母の大切な形見。

（下）刺繍や素材にこだわったクラッチバッグは、今、見てもモダンな印象です。パーティーのときに活躍します。

（左）繊細な刺繍とビーズで鶴が描かれたクラッチバッグは、母がニューヨークで購入したものです。鏡と櫛がセットに。

（右）草履は何十年も前から信頼している祇園ない藤のものを。あつらえや修理もお任せしています。

舞台の初日やお祝いのときには訪問着や付け下げを。色数を多くせずに全体に控えめな華やかさを心がけています。(右)一目惚れした小紋の着物にあとから雪持ち笹の手刺繍をほどこして付け下げにしました。(中)ペールオレンジの柔らかな色合いに惹かれて選んだもの。(左)紫色の染めの着物は雲海の模様に金の刺繍をさりげなく。

協力／茶屋ごろも

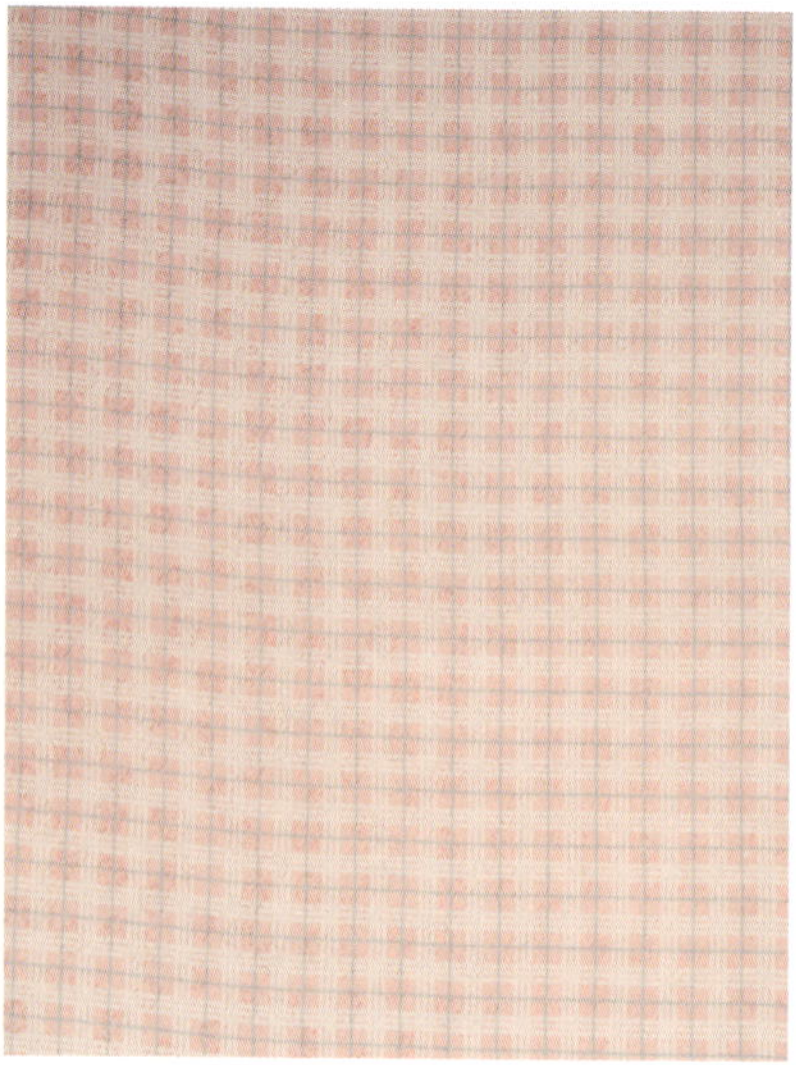

成田屋ゆかりの文様や柄、歌舞伎の演目に由来のある文様を取り入れてデザインした茶屋ごろものラインナップ。（右上から時計回りに）荒磯、市川格子、牡丹唐草、弁慶格子。

協力／茶屋ごろも

今もリビングに飾っている大切な一枚。

自宅の稽古場にて、家族揃って記念写真を。
篠山紀信先生が撮影してくださいました。

(右)可愛らしい赤珊瑚の花かごのブローチ。

(上)涼しげな瑪瑙《めのう》とクリスタルブローチは夏の季節に。(下)紫水晶の指輪が大きすぎたので、リメイクしてブローチに。

プライベートでは洋装も多く、シンプルな洋服に、ブローチなどのアクセサリーで華やかさを添えるようにしています。

(右)フランスで見つけた青色の羽が美しい鳥のブローチ。

協力／プリオコーポレーション

最近は、花嫁衣装もデザインしています。花嫁のための美しい打掛を考えるのは楽しいものです。この一枚は、凜とした美しさを意識し、赤とピンクの梅花の刺繡に金色の雲を添えて豪華に演出しました。

出ず入らずの心で
自分らしい
スタイルを。

着物は季節を感じながら楽しみたいと思っていますが、柄だけでなく、帯との組み合わせで印象ががらっと変わるので、そこが奥深いところです。(左)牡丹の花、(中)茶地に若松の刺繍、(右)淡いピンク地に蒔糊散らしは春の装いに。

協力／茶屋ごろも

家族のきずな

十一代目市川海老蔵襲名披露公演の最中に、主人は白血病と診断されました。目の前が真っ暗になり、私も娘も泣き崩れましたが、いちばんつらいのは主人です。私たち家族はできるだけ普段通りに接するようにしていました。

息子は舞台があり、私は劇場に行かなくてはなりません。劇場と病院を往復する毎日でしたから、私の代わりに娘が病院に泊まり込みで付き添ってくれました。本当によくやってくれたと思います。日記をつけて、体調や治療の経過を細かく記録してくれていました。私が劇場からうっかりそのまま病室に入ろうとすると「ダメでしょ、ママ。ちゃんと白衣とマスクをつけて！」と注意されました。

息子は必死で舞台を勤め、病院には頻繁に来ることができないぶん、お守りを届けてくれました。周りの方々にもたくさん助けていただきました。

入退院を繰り返した約十年間の闘病生活。

主人はとても研究熱心な人でしたから白血病とはどういう病気なのか、なぜ発病したのかを、書籍やインターネットを使って自分で調べていました。自分の身体のなかで起きていることを「できるかぎり把握する。そうすれば、自分のやるべきことがわかる」というのが主人の考え方でした。

入院している間もずっと歌舞伎のことを考えていたようです。娘に頼んで家から資料を運ばせて、新作「黒谷《くろだに》」を執筆していました。

作品は退院してから、主人のペンネーム・三升屋白治《みますやはくじ》の新作として、上演されました。

主人はずっと病気と戦い続けながら、市川團十郎として背負った役目を果たそうと努力を続けていました。自分が病に負けてしまったら、十二代目團十郎の芸はその瞬間に消えてしまうと。私たち家族は主人が舞台に立つために、何ができるかを必死に考えていました。

いつも、ありがとう

嫁いでからずっと、主人の人生に添うように私の人生がありました。自分は役者である十二代目市川團十郎を支える側に身を置いていましたから。

息子から「おふくろはなんのために生きているの?」と聞かれたことがありました。まだ、息子は十代、いわゆる思春期とか反抗期という時期だったんじゃないかなと思います。私はちょっと考えてから「そうね、ママはパパとあなたとチーちゃん(娘)のために生きてるのよ」と答えました。彼のために答えたというより、本当に私自身が家族のために生きていると考えていたから言葉に出たのでしょう。家庭では妻として、息子と娘が生まれてからは母親として、家族のために生きてきたのだと思います。

主人を亡くしてからは、しばらくの間はぽっかりと心に穴があいたようでした。もっとああすればよかったという反省や、もっとこうしてあげたかったという想いが次から次へと頭に浮かんでくるのです。考えれば考えるほど落ち込みました。

そうやって悔やんでも主人が戻ってくることはないのだから、と自分に言い聞かせる。しばらくすると、また思い出しては落ち込む。その繰り返し。ひとりになると、主人との何気ない時間を思い出しました。瓶ビールを飲みながら、ふたり並んでいただく夕食。それほど会話はなくても気を使うことのない安心感。思い出すたびに悲しみと不安感に襲われました。でも、そういう気持ちを誰かに相談することはありませんでした。どうにもならないことだとわかっていましたから。

そんな状態の私を周りのみなさんが心配してくれて、食事に誘ってくださったり、外へ連れ出したりしてくれました。でも、そのときにどんなものを食べたのかはまったく覚えていないんです。

主人が亡くなってから五年が経ち、ようやくここ一年ぐらいは落ち込むことも少なくなりました。最近では、姿の見えない主人に向かって「まったく、困ったものね」とブツブツ文句を言ってますよ。誰かに見られたら、なに独り言を言っているのかと思われてしまいますね。近くに主人の存在を感じることができるので、文句ばかりじゃなくて、うれしいこともちゃんと報告しています。

昨年、孫が歌舞伎座で宙乗りをしたときにも、もちろん報告しました。きっと心配しながら見守っていたと思います。無事に終わって安心したんじゃないでしょうか。主人は稽古場に座って「ここで孫と一緒に稽古する日が待ち遠しい」と楽しみにしていましたから。

いつも近くで見守ってくれている主人に毎日感謝しています。心の中で思っているだけじゃ伝わりませんから、ひとりになったらちゃんと声に出して伝えています。

「パパ、いつもありがとう」

おわりに

「同じ役でもふたりの役者が演じたら、出どころは同じでもそれぞれに違う印象になる。それが歌舞伎の面白さなのかなとも思う。それぞれの解釈、役者としての表現の仕方は違うものなんだ」

主人がよく言っていたことです。

歌舞伎役者の妻も同じかもしれないなと思うのです。夫を支えるために必要なルールはもちろんあります。ただ、それぞれの解釈がありますし、その時代や環境の変化もふくめて、自分たちで表現してゆくものなのかなと。

歌舞伎を観に来てくださるお客さまに心から楽しんでいただくためには何をすればよいのか日々考え、工夫してきました。そうやって長い時間をかけて、ようやく成田屋というひとつのスタイルが見えてくるのだと思うのです。

主人と私が築きあげてきたのは、いまの成田屋のスタイルです。

これから先、役者は芸と名を受け継ぎながら、その時代の成田屋らしさをつくっていってもらいたいと思います。そして、その役者を支える人々には、「心からの笑顔」「心をこめたご挨拶」を忘れずに受け継いでほしいと願っています。

堀越希実子

食事

京都つゆしゃぶCHIRIRI本店 p62
〒602-8024
京都市上京区室町通丸太町上ル
大門町265
TEL:075-222-5557
月～土（11時～15時／17時～21時45分）
日祝（11時～15時／17時～21時）

> ひょうたんやオンラインショップ
> http://xc521.xbit.jp/z734/
> フリーダイヤル 0120-84-7055
> （9時～21時） 月曜定休 不定休あり

▶つゆしゃぶギフト（2～3人前／各皿入り
豚肉約300g、5段仕込みのつゆ、
近江そば、柚子唐辛子、白ねぎ付）
4500円 ほか

道頓堀 今井［本店］ p64
〒542-0071
大阪市中央区道頓堀1-7-22
TEL:06-6211-0319
11時～22時
水曜定休

> 道頓堀 今井オンラインショップ
> https://www.d-imai.co.jp
> TEL:06-6575-0320 （9時～18時）

▶きつねうどん3人折（うどん玉170g×3、
濃縮だし、七味小袋、きつね揚げ、
ねぎ付） 2484円ほか

京味 p37
〒105-0004
東京都港区新橋3-3-5
TEL:03-3591-3344
12時～／17時半～
月曜・日祝定休
完全予約制

大和屋 三玄［白金台店］ p37
〒108-0071
東京都港区白金台1-1-50
シェラトン都ホテル東京B1F
TEL:03-3445-0058
7時～10時／
11時30分～15時(14時LO)／
17時～22時（21時LO）
＊土日祝の昼は14時30分LO
http://shirokane-yamatoya.jp

喰切り 江ぐち p139
〒104-0061
東京都中央区銀座6-3-8
オスカー KBビル1F
TEL:03-5537-5141
18時～22時（21時LO）
日祝定休
http://ginza-eguchi.com/kuikiri/

六寛 p139
〒104-0045
東京都中央区築地6-6-6
TEL:03-6278-7917
12時～13時30分／18時～21時
不定休
紹介制

成田屋の覚え書き

手みやげ

代官山 小川軒／パティスリー　p56

〒150-0034
東京都渋谷区代官山10-13
TEL:03-3463-3660
10時〜18時
日曜定休
▶レイズンウイッチ10個入1296円、
プレーンウイッチ10個入972円ほか
（予約可／店頭販売のみ）
http://daikanyama-ogawaken.com/patisserie.html

三原堂本店［人形町本店］　p57

〒103-0013
東京都中央区日本橋人形町1-14-10
TEL:03-3666-3333
月〜土（9時30分〜19時30分）
日祝（9時30分〜18時）
▶塩せんべい1枚42円、
化粧箱入り23枚入1080円ほか
（地方配送可）
http://www.miharado-honten.co.jp

久原本家 茅乃舎　p58

〒811-2503
福岡県糟屋郡久山町大字猪野1442

> 茅乃舎オンラインショップ
> https://www.k-shop.co.jp
> フリーダイヤル0120-84-4000
> （9時〜18時）日祝定休

▶贈答箱入 茅乃舎だし團十郎御縁箱
（8g×22袋）1620円ほか

紫野和久傳［堺町店］　p59

〒604-8106
京都市中京区堺町通御池下ル
丸木材木町679
TEL:075-223-3600
おもたせ 10時〜19時30分
茶菓席 月〜金（10時〜17時LO）、
土日祝（10時〜18時LO）

> オンラインショップ
> http://www.wakuden.jp/

▶れんこん菓子 西湖《せいこ》
（竹籠10本入）3348円
（紙箱10本入）2700円ほか

銀座千疋屋
［銀座本店 フルーツショップ］　p60

〒104-0061
東京都中央区銀座5-5-1
TEL:03-3572-0101
月〜土（10時〜20時）
日祝（11時〜18時）
▶デラックスグレープフルーツゼリー 756円、
フルーツサンド1080円、季節のフルーツほか

> WEB受注センター
> https://ginza-sembikiya.jp
> TEL:03-6278-8021（10時〜17時）

銀座 吉澤　p61

〒104-0061
東京都中央区銀座3-9-19 吉澤ビル1F
TEL:03-3542-2983
月〜金（8〜19時）　土（8〜17時）
日祝定休
▶すき焼き折詰（割下、折箱付）400g
6156円〜ほか（地方配送可）
http://www.ginza-yoshizawa.com/seiniku.html

食事

すっぽん料理 大市 p139
〒602-8351
京都市上京区下長者町通千本西入ル
六番町371
TEL:075-461-1775(代)
12時〜13時/17時〜19時30分
火曜定休
http://www.suppon-daiichi.com/

いづう p32
〒605-0084
京都市東山区八坂新地清本町367
TEL:075-561-0751
月・水〜土(11時〜23時)
日祝(11時〜 22時)
火曜定休
http://izuu.jp/

オテル・ドゥ・ミクニ p86
〒160-0011
東京都新宿区若葉1-18
TEL:03-3351-3810
12時〜14時30分LO/
18時〜21時30分LO
日曜(夜)月曜定休
https://oui-mikuni.co.jp

その他

榛原 p53
〒103-0027
東京都中央区日本橋2-7-1
東京日本橋タワー
TEL:03-3272-3801
月〜金(10時〜18時30分)
土日(10時〜17時30分)
祝日定休
▶懐紙、扇子、和紙小物など
http://haibara.co.jp

祇園 ない藤 p170
〒605-0803
京都市東山区祇園縄手四条下ル
TEL:075-541-7110 (予約優先)
10時30分〜18時
不定休
▶はきもの
http://gion-naitou.com

*店舗情報および価格は2018年1月現在のものです(消費税込)。また、年末年始などの特別休暇については特に記載しておりませんので、お問い合わせください。

[企画・プロデュース]
野地秩嘉

[構成]
盆子原明美

[撮影]
青木和義・中島慶子

[スタイリング]
岡部久仁子

[ヘアメイク]
長網志津子

[編集協力]
とらや
メゾンド ブランシュ／プリオコーポレーション
麗／プリオコープレーション
茶屋ごろも／川島織物セルコン
大本山成田山新勝寺
市川團十郎事務所

[ブックデザイン]
アルビレオ

堀越希実子

ほりこし・きみこ

東京生まれ。学習院大学仏文科卒業後、一九七六年に十二代目市川團十郎（当時は十代目市川海老蔵）と結婚。長男は十一代目市川海老蔵、長女は日本舞踊市川流の三代目市川ぼたん。現在は、着物ブランド「茶屋ごろも」、ブライダル和装ブランド「麗」のデザイン・監修を手がけ、多忙な日々を送っている。著書に『成田屋の食卓―團十郎が食べてきたもの―』（世界文化社）がある。

成田屋のおくりもの

二〇一八年二月二二日　第一刷発行

著　者　堀越希実子
発行者　石﨑 孟
発行所　株式会社マガジンハウス
〒一〇四-八〇〇三　東京都中央区銀座三-一三-一〇
書籍編集部　☎〇三-三五四五-七〇三〇
受注センター　☎〇四九-二七五-一八一一
印　刷
製本所　株式会社千代田プリントメディア

マガジンハウスのホームページ　http://magazineworld.jp/

ISBN978-4-8387-2978-4　C0095